这就是中国历史

清
帝国的斜阳

何孝荣 主编

化学工业出版社
·北京·

图书在版编目（CIP）数据

这就是中国历史.清：帝国的斜阳/何孝荣主编.—北京：化学工业出版社，2020.8（2025.4重印）
ISBN 978-7-122-37127-0

Ⅰ.①这… Ⅱ.①何… Ⅲ.①中国历史-清代-少儿读物 Ⅳ.① K209

中国版本图书馆CIP数据核字（2020）第092732号

责任编辑：丁尚林　马羚玮　　　　　　文字编辑：来庆婕　陈小滔
责任校对：赵懿桐　　　　　　　　　　装帧设计：尹琳琳

出版发行：化学工业出版社（北京市东城区青年湖南街13号　邮政编码100011）
印　　装：中煤（北京）印务有限公司
787mm×1092mm　1/16　印张12　字数177千字　2025年4月北京第1版第12次印刷

购书咨询：010-64518888　　　　　　　售后服务：010-64518899
网　　址：http://www.cip.com.cn
凡购买本书，如有缺损质量问题，本社销售中心负责调换。

定　　价：39.80元　　　　　　　　　　　　　　　　　　版权所有　违者必究

目录

导读 历史是这样的......1

女真崛起......2
努尔哈赤含恨起兵............2
生死存亡的战斗............8
女真人自己的王朝............14
胜利者之间的对决............19
英勇却徒劳的抵抗............26
郑成功收复台湾............32
皇帝与摄政王............38

生机勃勃的王朝......43
小皇帝不好惹............43
吴三桂,一反再反............49
施琅的复仇............54
俄国人来了............59
皇帝,人人想做............63
巩固王朝的统治............69
大事听皇帝的............75

最后的盛世......80
民族大统一............80
古代最后一个盛世............87
乾隆下江南............91

《四库全书》.................. 96
不准乱说话！.................. 100
蒲松龄与曹雪芹............ 106

被击碎的自尊.......... 112
大贪官和珅.................. 112
大国的自负.................. 117
起义军，风起云涌.......... 122
毒品引发的战争............ 127
太平天国...................... 134

徒劳的救赎.............. 140
师夷长技...................... 140
商业之光...................... 146
甲午战争...................... 151
壮志，被权力扼杀.......... 156
八国联军的暴行............ 162

帝制的终结.............. 167
野心家袁世凯.............. 167
拯救中华...................... 172

壮士的鲜血.................. 178
无法阻挡的潮流............ 183

历代帝王世系表........ 188

历史是这样的

女真族和清朝之间有什么关系呢?

明朝是怎样被清朝取代的呢?

清朝后来为什么会被八国联军欺负呢?

如果你有过这些疑问和思考,那么非常欢迎你和我们一起推开清朝历史的大门。

我们中华文明有着五千年悠久的历史,其中有很多有趣的故事,也有很多前人总结出来的经验和智慧。

学习这些历史不仅可以拓宽我们的视野,丰富我们的知识面,还能使我们更加明事理。

唐太宗曾说过:"以史为镜,可以知兴替。"

哲学家培根也曾说过:"读史可以使人明智。"

为了方便小读者们了解真实的历史脉络,对历史产生兴趣,我们联合了众多历史学者特意编撰了这本《这就是中国历史——清》,感受中华大地最后一个帝国的余晖。

女真崛起

女真人的崛起是历史的必然，也是历史的偶然。可以说女真人的崛起出乎了当时所有人的意料，一个还是部落形制、人口稀少的民族，居然能够快速崛起，建立自己的政权。但是从历史的规律来说，这样崛起的民族又数不胜数。

努尔哈赤含恨起兵

清朝是中国历史上最后一个帝制王朝，一个由少数民族入主中原建立的政权。建立清朝的民族是满族（或"满洲"），此前又称女真族。说起女真族，很多人会想起"精忠报国"的岳飞，没错，当年岳飞带领岳家军抗击的金朝正是由女真族建立的政权。后来金朝在蒙古和南宋的夹击之下灭亡了，这些进入中原的女真人便逐渐融入北方汉民族之中，而那些留居东北的女真人到明朝初期的时候，逐渐形成了三个大部落——建州女真、海西女真和东海女真。建立清政权的，就是其中汉化程度最高的建州女真部。

> **知识链接**
>
> **建州女真族**
>
> 建州女真族主要分布在牡丹江、绥芬河和长白山一带，是女真族的三大部之一。因为他们最初迁徙到渤海率宾府建州故地，所以被称为建州女真族，主要包括元代胡里改、斡朵怜、托温三个万户府管辖下的女真人。

女真崛起 | 努尔哈赤含恨起兵

那么，清王朝是从什么时候开始的呢？

单从称谓来看，"清"政权是1636年由皇太极正式建立的。但严格来说，早在皇太极之前，"清"这个政权就已经初具雏形了，而这个"雏形"正是在1616年，由努尔哈赤一手建立的，只不过那个时候，该政权还不叫"清"，而是叫"大金"，史称"后金"。这也并不难理解，既然历史上女真人已经建立过金朝，那么这个后头建立的政权自然被称之为"后金"了。

努尔哈赤是建州女真族一位非常杰出的勇士，姓爱新觉罗，他的祖先曾经担任明朝建州左卫的都督一职。"爱新觉罗"这个姓氏在女真族里并不是什么大姓，甚至可以说默默无闻，但努尔哈赤的出现和女真的崛起却让这个姓氏在其后数百年中，成为中国最尊贵的姓氏。

> 知识链接

戚继光

　　明朝著名的抗倭名将戚继光，长年在东南沿海一带抗击倭寇，击退了危害沿海人民的倭寇，保护了沿海人民的生命财产安全。

　　抗击倭寇的过程中，戚继光发明了很多火器，也建造了许多战船、战车，使明军的装备优于敌人；他富有创造性地在长城上修建空心敌台，进可攻退可守，是极具特色的军事工程。

李成梁

　　当时明朝将领普遍贪生怕死，边疆的军备废弛，然而李成梁纵横明朝北方四十多年，先后镇守辽东将近三十年，数次打败敌军，维护明朝的边疆安全，使辽东成为一道坚固的屏障，并在开原、清河、抚顺等地区开办了贸易市场，繁荣了地方经济。

　　清朝人写《明史》的时候，虽然对他多有贬低，但仍然感叹他治理边疆的功劳很大。

　　童年时期的努尔哈赤日子过得非常不好，10岁时母亲去世，继母对他又十分苛刻，偏偏亲爹还是怕老婆的人，可想而知在那样的情况之下，努尔哈赤的生活会有多么艰难。家庭没有成为努尔哈赤的庇护所，他很早就逃离了那里，当过兵，也四处流浪过。

　　努尔哈赤是个性格坚韧并且学习能力很强的人，为了生存，他常常翻山越岭，采集松子、人参、蘑菇、木耳等东西去卖钱。在和各地商人来往的过程中，他学习了很多汉族的文化，并且阅读了很多书籍，比如《三国演义》《水浒传》等，他的汉文化程度就是这样一步步加深的。

　　随着文化知识水平的提高，努尔哈赤对当时的明朝政权萌发了越来越强的反抗意识。当时，明朝有个负责镇守辽东的武将，名叫李成梁，是个威名赫赫的人物，当时就有"东南戚继光，东北李成梁"之说。

　　李成梁镇守辽东有自己的一套方法，简单来说就是借力打力——拉一派打一派，利用女真各部之间的矛盾来实现相互制衡。当时，李成梁利用海西女真和建州女真之间的矛盾，挑动海西女真哈达部的酋长王台，把建州右卫都指挥史王杲给杀了，然后又拉拢建州女真爱新觉罗家族的觉昌安和塔克世等人，扶植他们去对付海西女真的叶赫部。在这个斗争过程中，死了四个很重要的人物：王杲和他儿子阿台，还有觉昌安和塔克世父子。这四个人与努尔哈赤的关系都非常密切，王杲是努尔哈赤的外祖

自古英雄多磨难，年少的努尔哈赤此刻为生存而奔波

父，阿台是努尔哈赤的堂妹夫，觉昌安是努尔哈赤的祖父，塔克世是努尔哈赤的父亲。可以说，他们实际上都是被明军直接或间接给害死的，努尔哈赤也因此和明军结下了不共戴天的死仇。

虽然结了仇，但努尔哈赤这个人很聪明，而且十分隐忍，他很清楚自己势单力薄，这个时候和李成梁翻脸，和明廷对抗，简直就是"找死"。所以，他一方

这就是 中国历史 清

▲ 铠甲

在古代战争中，身穿一副好铠甲，能大大降低在战场上的伤亡率，因为战场上的一般兵器很难刺穿铠甲。统治阶级绝不允许百姓私藏铠甲，发现有私藏铠甲者，以谋反罪论处。

知识链接

五种社会形态说

学者普遍认为，人类从诞生之日起，共有五种社会形态，从低级到高级依次是原始社会、奴隶社会、封建社会、资本主义社会、社会主义社会。

努尔哈赤时期，女真族处于奴隶社会，而明朝处于封建社会，明朝的社会制度更为优越。

面接受了明朝对他的安抚，一方面则在私底下清点祖父和父亲给他留下的"武器"——13 副铠甲。这些"武器"可真是够寒酸的，可见当时爱新觉罗家族的家底确实不厚。

值得玩味的是，作为努尔哈赤"仇敌"的李成梁与努尔哈赤之间的关系似乎很是要好，可以说，努尔哈赤势力能够壮大，直至收拢女真各部，与李成梁的包庇和纵容不无关系。一直到 1615 年李成梁去世之后，努尔哈赤才在次年正式脱离明朝，建立了后金政权。

在努尔哈赤统一女真之前，女真各个部落实际上还处于奴隶社会的末端，缺少统一的组织和机构，为了争夺物资、权力等，一直混战不断。等努尔哈赤把女真各部都给收拢之后，他就发现必须得建立一个制度，把这些乱七八糟的人和事都给管理、规范起来，于是"八旗制度"就这样应运而生了。

我们知道，女真原先是部落组织，主要是以狩猎为生的。每年到了狩猎的季节，女真人就会以氏族或者村寨为单位，推举一些有名望的人为首领，组织狩猎。女真人的狩猎方式包括单独狩猎和集体狩猎两种，最重要的当然还是集体狩猎。在组织集体狩猎的时候，每个人都要出一支箭，十个人一组，称为一牛录，由一个首领领导，其他的九个人就都听首领的指挥，这种制度被称为牛录制。八旗制度实际上就是牛录制的一个"进化"。

为了方便管理，努尔哈赤把临时"凑合"的牛录变成了固定的组织，规定三百人编成一个牛录，五个"牛录"编成一个"甲喇",五个"甲喇"编成一个"固山",这个"固山"就是"旗"。最开始,努尔哈赤只编了四个旗——红、黄、蓝、白,后来势力越来越大,人也越来越多,四个旗壮大成了八个旗:正红旗、镶红旗、正黄旗、镶黄旗、正蓝旗、镶蓝旗、正白旗、镶白旗。这就是"八旗制度"。

狩猎时,女真族猎人的帽子上都有漂亮的羽毛。有些少数民族,现在还在用羽毛作为装饰品

这是他们的"房子",和蒙古包很像,由此可见他们的居住环境并不太好

一开始,这个制度只在满族中实行,后来随着清朝的征伐和统一,这个制度又逐渐扩大到了其他民族,除了"满洲八旗"之外,还有了"蒙古八旗""汉军八旗""布特哈八旗"等。

清军入关之后,又逐渐形成了"上三旗""下五旗"的说法。"上三旗"即正黄、镶黄、正白三旗,由皇帝直接统领,地位较高,负责皇宫禁卫;其余为"下五旗",负责驻守京师及各地。

▲ 八旗

 ## 生死存亡的战斗

当努尔哈赤暗藏着对明朝的仇恨,四处收拢女真各部的势力时,大明王朝的统治者万历皇帝在做什么呢?

在"罢工"——他甚至二十年不上朝,简直可以创个皇帝"罢工"的小记录了。

不管是统治者的漫不经心,还是李成梁有意无意的放纵,总而言之,在这一段时间里,努尔哈赤一点点收服了女真各部,掌控了数千里的广阔地域,在"酣睡"的明王朝眼皮底下,把自己的实力发展壮大到了一个难以想象的地步,他的势力或许比当年完颜阿骨打对抗辽朝的时候还要强大。

1615年,李成梁死了,这一年是建州女真最后一次向明廷纳贡。更讽刺的是,就在这一年,居然还有官员向朝廷奏报,说努尔哈赤依然是"唯命是从"的。

1616年,"唯命是从"的努尔哈赤正式在赫图阿拉称汗,建立了后金政权,从此脱离明朝的掌控。

1618年,羽翼丰满的努尔哈赤以"七大恨"为名誓师,正式向明朝宣战,而这"七大恨"中,自然包括了那些要和明朝清算的"血海深仇"。

大刀长矛是古代男儿征战沙场的首选,今天,它们已经退出战场,取而代之的是更有杀伤力的武器

这杆大旗能凝聚军心,战场上有专人保护。一旦大旗被敌方斩断,军心就会大大受挫

> **知识链接**
>
> **七大恨**
>
> 1. 明朝无缘无故杀死了努尔哈赤的父亲、祖父；
> 2. 明朝偏袒叶赫、哈达部落，欺压建州女真族；
> 3. 明朝违反了双方划定的势力范围，强令努尔哈赤抵偿所杀越境人命；
> 4. 明朝派出军队保护叶赫，抗拒建州女真族；
> 5. 叶赫因为有明朝的支持，便违背誓言，将已聘之女转嫁给蒙古；
> 6. 明朝强令努尔哈赤退出已经垦种的柴河、三岔、抚安等地，不许收庄稼；
> 7. 明朝派遣将领进入建州，作威作福。

努尔哈赤和他的勇士们势不可挡地攻陷了辽东重镇抚顺和清河，把二十来年不上朝的万历皇帝都给逼出来了，由此拉开了中国历史上一场重要战役的序幕。可以说，这场战役的成败直接决定了中国历史的发展走向，是明朝和清朝历史上一个十分重要的转折，它就是萨尔浒之战。

这场战役从表面上来看，参战双方实力差距是比较大的。努尔哈赤的兵力大约五六万，而明朝方面的兵力则有十一万多，这上了战场，哪怕二对一都能把人给盯得死死的。

大概就是这种表面实力的差距给了万历皇帝信心，天天催着主帅杨镐赶紧出兵去打仗，把那些女真人都给打跑。杨镐这个人吧，军事才能并不是特别突出，沉浮官场三十余年，主要精力都用来琢磨怎么周旋上位了。所以皇帝一催促，他也不敢不从，赶紧定下了"四路出兵，分进合击"的战略计划。

努尔哈赤在探知明军的行动之后倒也不着急，心中谋划：反正这道路难行，兵分四路，总会有个先来后到吧。不管你们几路来兵，我就集中火力，盯住一路打就行了。你喜欢分兵？那我就逐路击破！

明军的四路大军阵容也是空前强大的，几乎所有能打的战将都出动了。比如南路大军的领导人李如柏是李成梁的儿子，号称从来没有过败绩；东路大军的领导人刘綎（tīng），据说是万历朝第一猛将，自小随父从军，战场上所向披靡；西路大军的领导人杜松，以前和蒙古人打仗的时候从来没输过，被满洲人称为"杜疯子"；北路大军的领导人马林是开原总兵,率领着辽东镇的精锐部队"跳荡铁骑",也就是火枪骑兵队。

但就是这样的"全明星"阵容,最终也没能阻挡后金踏足中原的步伐。

西路的杜松大军是最先到的,为了抢头功,杜松大军星夜兼程,创下了一日之内冒雪急行百余里的记录。杜松勇猛有余,谋略却不足,还非常轻敌,为了抢个"快",铠甲一脱,有火器装备的辎重车营也不管了,贸然领着一小队人就往上冲,想打努尔哈赤一个措手不及。结果没想到后金军这么能打,杜松军全军覆没。

跟在杜松军后头到的,是北路的马林军,马林一收到杜松全军覆没的消息,顿时就傻了,赶紧在

知识链接

杨镐

杨镐治理军队缺少方略,对将士许诺的奖赏也不能按时到位,自己又贪生怕死。杨镐能担当明朝的大将军,足见明朝统治的腐败。明朝灭亡后,后人对杨镐评价极低。

从古至今,有很多冒进的将领被敌军俘虏甚至杀害。明朝这位冒进的将军,给萨尔浒之战开了个坏头

这就是中国历史 清

▲ **五雷神机**

戚继光抵御蒙古军队时发明了五雷神机，使用时需要两人配合，一人负责支架和转动枪管，另一人负责瞄准射击。

知识链接

谁能发挥火器的威力

在火器尚未大量使用时，战场上将军只需亲自领导将士拼杀即可。随着各种火器的大量装备，将军必须要结合火器的特点，不断调整火器的布置，才能发挥火器强大的威力。但是，明朝的将领中，只有少数几位能够有效地发挥火器的威力。

满族武士的服装

为了强化满族人的民族意识，皇太极在服饰方面做了详细规定，"凡汉人官民男女穿戴，俱照满洲式样"，并告诫满族子弟不要忘了骑射的技术。

萨尔浒西北扎营，进入防守状态，打算等援军来了再开打。努尔哈赤显然不会给他这个机会，率领着八旗军直接冲杀，如同野兽般奔驰，丝毫不惧怕明军的枪炮。最终，马林军也基本上全被灭了。

因为风雪关系，道路难行，东路的刘綎军姗姗来迟，他们并不知道，原本应该在不久之后和他们会师的杜松和马林大军已经全部被灭，可他们依旧还在艰苦地向赫图阿拉方向行军。

在经过距离赫图阿拉大约还有七十里地的阿布达里冈的一处山谷时，刘綎军遭到了金军的伏击，被迫退到瓦尔喀什旷野一带，最终落入八旗军的包围圈，同样全军覆没。

前后仅仅五天，八旗军就歼灭了明军三路精锐，收到消息的李如柏匆匆率军撤退，狼狈地结束了萨尔浒之战。

原本在后金与明朝对抗的时候，女真族叶赫部为了避免被努尔哈赤吞并，是依附于明朝的，而鸭绿江以东的朝鲜李氏王朝也更倾向于与明朝交好，他们甚至为了这场战役不惜出兵增援明军，但没有预料到的是，后金的军事实力远比他们想象得要更加强悍。所以到最后，无论是叶赫部还是朝鲜，甚至都还没机会上战场就已经逃跑了。

这场生死攸关的萨尔浒之战最终以后金政权的全面胜利落下帷幕，让历史呈现出一个惊人的拐点。

一边是冉冉升起的朝阳，一边却是早已腐朽进骨子里的落日，结局其实早已经注定。萨尔浒之战

古代战争中，优秀的将军往往奋战在最艰苦的战斗中，生死存于一线。光环的背后，是殊死的拼杀。不过，将军的战马、武器、伙食都是最好的，战斗力很强的失败将衰亡中的大明帝国一点点无情地剖开，让世人看到了内里的腐烂与不堪，即便未曾输掉这场战役，也终将输掉整个国家。

女真人自己的王朝

皇太极是努尔哈赤的第八个儿子，正白旗的旗主。在一众贝勒爷里头，皇太极的地位并不算特别突出，但他常年跟随努尔哈赤南征北战，在军中地位和呼声都是非常高的。

1626年的时候，努尔哈赤的"不败神话"被打破了，当他率领着十三万八旗精兵信心满满地向着山海关发起最后冲刺时，却在宁远遭遇了与明军对抗的第一场失败。当时驻守宁远的是一位名叫袁崇焕的明朝守将，他率领着万余士兵，架起红衣大炮，死守宁远，艰难地为明朝赢得了一场惨胜。

在这场失败中，努尔哈赤不仅受了伤，心理上也遭遇了严重的打击和挫败，没几个月就发病死了，甚至还没来得及指定自己的继承人。在这个关键的时刻，战功赫赫的皇太极被推选出来，成为后金的新大汗。

事实证明，这个决定是无比英明的，皇太极的上位将后金带上了一条崭新的发展道路，从根本上改变了后金的发展格局，为此后进入中原、统一天下奠定了坚实的基础。

> ◆ 知识链接
>
> **集体游动放牧**
>
> 为了适应高寒干旱的恶劣气候，发展畜牧业，我国北方的游牧民族实施严格的集体游动放牧制度。
>
> 他们轮换着使用草场，很好地保护了当地的牧草资源和水资源，是人类智慧和文明的体现。
>
> **宁远大捷**
>
> 1626年正月，明军在宁远与后金大战，并取得胜利。这是镇江大捷后明军的又一次胜利，大大鼓舞了明军士气。
>
> 宁远大捷后，后金的努尔哈赤抱恨而终。

女真崛起 | 女真人自己的王朝

在皇太极之前，努尔哈赤建立的后金从本质上来说还是一个游牧部落，纵使有着强悍的武力，却不具备完善的统治和管理能力，他们只知道东打西打，抢钱、抢奴隶、抢地盘，对占领区的汉人更是烧杀抢掠，残酷镇压，压根儿没有"统一"的觉悟。

在这个方面，皇太极比努尔哈赤更有远见，他把族名"女真"改为了"满洲"，把"大金"改为"大清"，并正式登基称帝，建立了清朝政权。后世尊其为清太宗，努尔哈赤则为清太祖。这并不仅仅是改变一个称呼这么简单的事情，这意味着后金基本国策的转变，而这种转变很显然是效仿历代中原王朝的体制而进行

▲ 清朝人的辫子

清朝后期的发式与清朝前期刚执行剃发令时大不一样。上图分别是清朝前期、中期、后期的发型，差别非常明显。清朝前期几乎剃掉了所有头发，只留下小手指粗细的发辫。到了清朝后期，大部分的头发被保留下来，结成粗粗的发辫，只剃掉了一小部分头发。

的，充分显露了皇太极入主中原、统一天下的雄心。

既然确立了基本国策，那么自然就要开始着手王朝内部的改造了。皇太极不吝吸取前人的经验，直接把汉族王朝的体制"复制"过来进行改革，设立了"三院八衙门"。"三院"指的是内国史院、内秘书院、内弘文院；"八衙门"指的是管理各项具体事务的部门，包括礼部、吏部、兵部、工部、刑部、户部等六部，以及负责检查各部工作的都察院和负责处理少数民族事务的理藩院。在一系列的改造之下，清朝脱胎换骨，从一个奴隶制王朝"进化"成了一个初具雏形的帝制王朝。

从皇太极做的一系列事情中就能看出，他是个极具雄心的人，他想逐鹿中原，一统天下，想做全中国的皇帝。而"皇帝"不仅仅只是一个名称，它还意味着至高无上的权力。

之前说过，皇太极是努尔哈赤的第八个儿子，正白旗的旗主，他不是努尔哈赤唯一的子嗣，他还有比他地位更高的兄弟。所以，要想成为真正能够说一不二的统治者，皇太极就必须把权力集中在自己手里。

想要集中权力，就得对统治集团内部进行改造。对皇太极来说，在实现中央集权的道路上，最大的敌人恰恰正是与他一起并肩打江山的兄弟——满洲的军功集团。为了制衡满洲军功集团，皇太极采取了一项大胆的举措——重用汉臣。

俗话说："非我族类，其心必异。"那为什么皇太极还会挑中汉人呢？这其实主要有两方面的考量。首先，我们说过，皇太极的目标不仅仅是雄霸关外，而是进入中原统一天下。而要实现这个目标，皇太极就必须让中原地区的汉人接受他、接受满洲人，重用汉人无疑正是对汉族人的一种示好。其次，汉人的文化中有一个东西非常吸引皇太极，那就是"士"。"士"是知识分子与官僚相结合的一种产物，讲究忠君爱国，为了君王托付的使命，甚至不惜付出生命的代价。对于皇帝来说，这正是他所需要的理想的臣子。

在皇太极重用的汉臣中，最有名的是有清朝"第一汉臣"之称的范文程。

范文程是辽东人，脑子很聪明，很年轻就考上了秀才。当年努尔哈赤率军攻占抚顺之后，范文程就主动跑去投奔了努尔哈赤，但那时候，努尔哈赤看不上他，或者说努尔哈赤根本就没把汉人放在眼里。所以在很长一段时间里，范文程在后金混得非常艰难。直到皇太极上位之后，范文程才时来运转，迎来了仕途上的"春天"。

皇太极对范文程可以说是有知遇之恩的，他非常倚重范文程，把他当成自己的军师，尊称他为"章京"。不管下边的大臣报告什么事情，皇太极几乎都会先问这么一句："范章京知道吗？"但凡是范文程提出的建议或负责起草的文稿命令等，皇太极基本上是直接拍板同意，不会多看一眼的。

即便是贤臣，若是没有明君的赏识，

> **知识链接**
>
> **范文程**
>
> 范文程是清朝重臣，北宋名相范仲淹第十七世孙。
>
> 范文程历经清太祖、清太宗、清世祖、清圣祖四代帝王，清朝开国时的国家制度大多由他制订，被后人称为文臣之首。

▼ **清代官服**
清代的官服以长袍马褂为主。

也是没有机会发挥才能的。所以说,遇到皇太极确实是范文程的好运。古有"一朝天子一朝臣"的说法,有皇太极保驾护航,范文程的路自然走得非常顺当,那么在皇太极百年之后,范文程又会如何呢?

事实上,在皇太极病逝之后,确实有人对范文程下手了,这个人就是皇太极的弟弟豫亲王多铎。多铎和大多数满洲贵族一样,是看不起汉人的,因此对范文程也没有什么敬意。范文程有个非常漂亮的妻子,多铎很早之前就已经有歪心思

了，皇太极一病逝，多铎就打起了范文程妻子的主意。幸好在这个时候，摄政王多尔衮站了出来，护住了范文程夫妻，成为范文程的新"靠山"。

不得不说，在知人善任方面，不管是皇太极还是多尔衮都是极具眼光的。范文程确实是个能力卓越的人，在清朝统一中原的进程中，他立下了汗马功劳。

众所周知，清军进军中原最大的阻力就是大将军袁崇焕，而利用反间计让崇祯皇帝处死袁崇焕的人，就是范文程。此外，推行保甲制度，建立封建土地所有制，推动清朝从奴隶社会跨入封建社会的主要功臣也是范文程。到后来，崇祯皇帝被逼死之后，又是范文程率先提出为崇祯皇帝举行葬礼，并谴责李自成，从而为清朝争取到了广大的民心。

可以说，在清朝一步步入主中原、统一天下的过程中，每一项重要决策，几乎都有范文程的影子，他绝对是清朝当之无愧的"第一汉臣"。

▲ 多铎

多铎是清太祖努尔哈赤的第十五个儿子，多尔衮的亲兄弟。多铎是满洲镶白旗旗主，手握军队，是清朝初期八大铁帽子王之一。

多铎战功卓绝，顺治元年，他以定国大将军的身份随多尔衮入关，打败了李自成的义军。然后他率军攻破扬州，杀害史可法；之后继续南下，消灭了南明朝廷。

顺治六年，多铎因染天花不治而亡，谥号为"通"。多铎为清朝的开国立下了汗马功劳，被乾隆帝称为"开国诸王战功之最"。

胜利者之间的对决

说起吴三桂，很多人都不陌生，在无数的清宫剧里，他都被塑造成汉奸、卖国贼的形象，"引清兵入关"成为将他钉死在历史耻辱柱上的一大罪证。而提到吴三桂，必然又会引出一个"红颜祸水"的故事，谁让他还是"冲冠一怒为红颜"的男主角呢！

吴三桂出身于辽西的将门望族，从小就开始习武，他的军功都是在战场上实打实挣来的。当李自成率军向京师挺进的时候，吴三桂还驻守在关外与清军周旋。崇祯皇帝一看不妙，赶紧一道圣旨发过去，加封吴三桂为平西伯，并催促他赶紧入京"勤王"。接到崇祯皇帝的命令之后，吴三桂感到非常犹豫，那个时候他其实已经联系上了降清的将领祖大寿，并在考虑是否要投降清朝。因为一直举棋不定，所以在率军回京的路上，吴三桂走得非常慢，左拖右拖，终于等到了京师陷落、崇祯皇帝殉难的消息，吴三桂立马调转马头，领着大军又返回了山海关。

在这段时间里，清朝也经历了许多波折。1643年，皇太极猝死在盛京，他的长子豪格和弟弟多尔衮开始争夺皇位。

这两个人可谓各有千秋,豪格是皇太极的长子,名分上显然要更合适,但多尔衮实力强大,声名煊赫,硬碰硬起来,花落谁家还是未知数。就在双方僵持不下时,多尔衮突然转而拥立年仅6岁的九皇子爱新觉罗·福临为新皇帝,聪明地解决了皇位问题。

等清朝解决完内部问题,多尔衮率军渡过辽河之后,他们才知道,原来李自成已经攻占了北京城,明朝已经灭亡了。这个时候,摆在多尔衮面前的路有两条:

一是迅速出兵，直逼京畿；二是保存实力，徐徐图之。在这个关键时刻，范文程和另一个受重用的降清将领洪承畴都坚决表示：打！于是多尔衮决定，进军北京。

此时，摆在吴三桂面前的路同样也有两条，一是接受李自成方面的招抚，向李自成投降；二是向清朝投降。

事实上，最初吴三桂是更偏向于投靠李自成的，他甚至已经准备接受李自成的敕封，率军进京。但走到永平府西沙河驿的时候，吴三桂又突然反悔，掉头回了山海关。

吴三桂为什么会改变主意呢？关于这一点有三种较为普遍的说法：

其一，吴三桂收到消息，说李自成进京之后实行"追赃助饷"政策，狠狠地勒索了吴三桂家，还把他爹吴襄给抓了，这让吴三桂非常愤怒，所以才反悔。

其二，吴三桂收到谍报，说他的小妾名妓陈圆圆被李自成手下的将领刘宗敏霸占了，吴三桂大怒，于是"冲冠一怒为红颜"。

第三种说法比较玄妙，说吴三桂在西沙河驿的时候遇见了一个道士，两人聊了会儿天，吴三桂把自己的苦恼向道士倾诉了一下，那道士对他说了这么一句话："以簧扑垆，火势越盛；以垆焚簧，顷刻间灰飞烟灭矣！"一听这话，吴三桂就明白了其中的深意。在

▼ 山海关与长城

说山海关之前，不得不先说说长城。

长城，又称"万里长城"，是我国古代为抵御北方游牧民族侵犯而修建的规模宏大的军事工程。

第一段长城是春秋战国时期修建的，距今已有2000多年。我们今天说的万里长城，大多是明代修建的长城，它东起辽宁虎山，西至甘肃省嘉峪关。

山海关，坐落在河北省秦皇岛市东北15千米处，是明长城的东北关隘之一，自古就有"天下第一关""边郡之咽喉，京师之保障"的称呼。

这种时候，不管投靠李自成还是多尔衮，在道德方面显然都是站不住脚的，既然如此，那不如投靠实力更强的那边算了！于是，吴三桂豁然开朗，掉头回了山海关。

不管基于什么原因，吴三桂的犹豫不决都激怒了李自成，他把吴三桂一家都给抓了起来，然后率部亲征山海关。早在拒绝李自成的时候，吴三桂就想到会有今天，他私下写了一封信给多尔衮，以"黄河南北分治"作为条件，向清朝"借兵"。吴三桂的主意打得很好，他只字不提"投降"的事情，而是以"借"为理由，试图利用清军的力量借力打力，渡过眼前的难关。

吴三桂精明，但多尔衮也不笨，他表面上爽快地答应了吴三桂的请求，率领着八旗军去了山海关，但抵达山海关之后却又按兵不动，采取"坐山观虎斗"的策略，看着李自成和吴三桂打，准备坐收"渔人之利"。

吴三桂这个时候才终于意识到，自己中计了，多尔衮是要逼自己正式向他投降啊！

经过一个日夜的激战后，吴三桂和李自成双方都死伤惨重，眼见情势危急，吴三桂终于向多尔衮低了头，正式剃发降清。

达成目的之后，多尔衮这才正式出兵，清军以逸待劳，彻底击溃了李自成大军。

李自成狼狈逃回北京之后，第一件事就是把吴三桂全家给杀了。杀完人泄完愤，李自成还不忘匆匆忙忙地在紫禁城武英殿里举行了登基仪式，然后

> **知识链接**
>
> **崇祯**
>
> 　　崇祯皇帝虽然是明朝的亡国之君，但后人很少骂他昏庸，大多都给予很深的同情，就连他的敌人李自成都同情他。
>
> 　　事实上，大明王朝从明熹宗传给崇祯帝时，早已经腐朽不堪、危机重重。
>
> 　　崇祯一方面励精图治，希望能像朱元璋那样成为一代明君；另一方面，他不信任大臣，缺乏魄力，频繁更换和滥杀大臣，最终众叛亲离。这位比前朝几代皇帝都要贤的君主，"非亡国之君，当亡国之运"，最终在煤山自缢而死。

赶紧带着搜刮到的财物向西跑了,逃离了北京城。李自成在京城里耀武扬威,前后也就四十余天。

有了吴三桂的归降,加之山海关大败李自成一役,清军得以顺利入关,进驻了北京城。

与李自成的"土匪做派"不同,进入北京之后,多尔衮立即下令,禁止手下士兵乱闯民宅,抢劫百姓,并在范文程等人的建议下,郑重其事地为崇祯皇帝举行了葬礼,一系列举措让清军在迅速收拢人心、稳定社会秩序的同时,也在舆论上占据了有利地位。

英勇却徒劳的抵抗

崇祯皇帝殉难之后，明朝皇室的藩王以及一些旧臣在南边建立了新的政权，试图以此来重建并延续大明王朝，历史上将他们所建立的政权称为"南明"。

南明在建立之后，还没干出什么大事业，各派系的势力就已经开始争权夺利了，首先摆上桌面的第一个问题就是：谁来当皇帝？

当时，最热门的皇帝"候选人"有三个：马士英一党支持的福王朱由崧，东林党人支持的潞王朱常淓，以及远在广西的桂王朱由榔。

在三方势力僵持不下的时候，福王朱由崧私下里联系上了当时手握重兵的江北四镇总兵高杰、黄得功、刘泽清和刘良佐，并争取到他们的支持，从而打破僵局，顺利登上了皇位，而这几位自然也开始以"开国功臣"自居。

朱由崧当了皇帝之后，拥护他的马士英自然也就上位把持了朝中大权。马士英上位之后，干了几件特别找骂的事情，也正是因为干下这些事情，他才一直被后人骂作"奸臣"。

第一件事，他提拔了自己的好友阮大铖。阮大铖当年是依附魏忠贤的，与东林党一向不睦，得到提拔之后，阮大铖更是开始疯狂打击报复东林党，

知识链接

南明

崇祯皇帝自缢身亡后，京师陷落，明朝宗室随后在南方建立了多个政权，史称南明，经历四帝一监国。

马士英

马士英是明末大臣，明朝内阁首辅。万历己未年（1619年）进士，历任严州、河南、大同知府、庐凤总督等职。

李自成攻入京师，明朝灭亡后，马士英联合兵部尚书史可法、户部尚书高弘图等人拥立福王朱由崧建立了南明弘光政权，因此成为内阁首辅，后来在抵御清军时为国捐躯。

双方的派系斗争把朝政闹得乌烟瘴气。

这第二件事,就是他出卖了史可法。当初马士英拥护朱由崧登基的时候,史可法是反对的,认为他不能堪当大任,并指出了朱由崧的七大缺点:贪、淫、酗酒、不孝、虐待下属、不读书、干预官吏。朱由崧登基之后原本对史可法还是比较看重的,马士英为了巩固自己的势力,就把这事上报给了朱由崧,无奈之下,为了避祸,史可法只得以督军的名义,主动提出外放,去镇守淮安和扬州两个地方。

史可法在治军打仗方面有自己的方略,给予清军沉重打击

马士英干的第三件事，就是进行经济改革，提高了盐税和酒税，以此来充实国库。更离谱的是，为了敛财，马士英开始大肆卖官鬻爵，甚至把各级官职都给"明码标价"了。结果导致南明官员泛滥，民间甚至有这样的童谣传唱："都督多如狗，职方满街走。"

除了朝政存在种种弊端之外，南明的国防也是非常不靠谱的。南明对抗清朝的武装力量主要来自江北四镇的四位总兵，即高杰、黄得功、刘泽清及刘良佐。这四个人中，除了黄得功之外，都是相当不靠谱的。刘泽清和刘良佐都是贪生怕死之徒，在清军南下之际选择了主动投降。高杰虽然在史可法的影响下有誓死抗敌的决心，但可惜是个有勇无谋之辈，还没在战场上对上清军，就被自己的部下在哗变中杀了。只有一个黄得功，是真正和清军对抗，战死沙场的。这样一个政权，会走上迅速衰亡的道路也不奇怪。

在弘光政权败亡之后，继续扛起"复明"大旗的，是在福州成立的南明隆武政权，由朱聿键做皇帝。

朱聿键可以说是相当倒霉的，一生都脱离不了牢狱之灾。一开始是因为他的父亲不得祖父喜爱，结果他和父亲一起被祖父关了十六年，直到崇祯皇帝即位才给放出来。可放出来没多久，他又因为得罪了崇祯皇帝被关进了大牢，一关又是十二年。等弘光政权败亡之后，这个蹲了二十八年大牢的人终于被想起来了，成了郑芝龙等人拥立的傀儡皇帝。郑芝龙很多人可能不认识，但他的儿子非常有名，就是郑成功。

知识链接

虽败犹荣的北伐

南明小朝廷的北伐虽然以失败而告终，但它反映了明朝不甘灭亡的决心，其意义是深远的。

坐牢皇帝

如果把朱聿键归为坐牢皇帝，那么，汉朝的一位皇帝，小时候也坐过牢，他就是汉宣帝刘询。

刘询是汉武帝的曾孙，是戾太子刘据的孙子。"巫蛊之祸"那年刘询出生，他的祖父刘据、父母等都被汉武帝杀害，刚出生几个月的刘询也受到牵连，被关进监狱长达五年。

朱聿键的皇帝生涯同样十分短暂，如昙花一现，但不得不说，他做皇帝的表现还是非常不错的：为人简朴，任人唯贤。很多那一时期的抗清名将，如金声、杨廷麟、何腾蛟等人，都是在朱聿键时期被任用的。

此外，朱聿键还提出了联合各地农民军抗清的主张，这个主张对后来陆续成立的南明小朝廷都造成了深远的影响。

朱聿键当皇帝的时间也就一年有余，但在这短暂的时间里，他甚至还完成了

南明的军事力量已经十分薄弱，根本无法和清军抗衡

▲ 扬州十日

扬州十日又被称为扬州屠城，指明朝将领史可法在扬州抵抗清军失败后，清军对扬州城开展的血腥的屠杀。根据幸存者王秀楚的《扬州十日记》和明末史学家计六奇的《明季南略》可以推断，清军共屠杀了十日，所以称为"扬州十日"。

除少数人藏匿较深幸免于难外，其余几乎都被屠杀，被和尚收殓的尸体就超过80万具。

清朝前期文字狱盛行，所有关于扬州屠城的文字都被毁掉，因此直到清朝后期，人们还对扬州十日知之甚少。清朝末年辛亥革命爆发前夕，革命党人将《扬州十日记》从海外带到中国，目的是"希望使忘却的旧恨复活，助革命成功"，至此扬州十日才广为人知。

一次极其悲壮的北伐。这次北伐的领导人是身兼兵部尚书和吏部尚书两职的黄道周。对于这次北伐，郑芝龙是相当反对的，但迫于压力，只象征性地出了一小队兵马，其他事情几乎都不管。结果到最后，黄道周募集到的北伐军只有九千多人，其中很多人甚至连件像样的武器都没有，抄上扁担就上阵了，所以这只北伐军也被戏称为"扁担军"。

可见，这场北伐从一开始就注定了是一场以卵击石的悲壮之战。在这场北伐中，逃出了一个那时候还默默无闻的士兵，谁也不会想到，在三十八年后，这个士兵会率领着大军收复台湾，他的名字叫施琅。

北伐失败之后不久，郑芝龙就投降了清朝，原本就已经岌岌可危的隆武政权更是不可避免地走向了败亡，清军迅速占领了东南大部。在这种情况之下，张献忠的大西军余部和明朝的官僚们联合起来，在西南地区拥立桂王朱由榔为帝，建立了永历政权。

在永历政权期间，南明出现了一位非常杰出的军事家——李定国。

李定国是大西军的将领张献忠的义子，一个地地道道的农民起义军。李定国是个忠义之士，曾以推翻明朝为己任，但在面对清朝铁骑的时候，他最先考虑到的则是民族大义，大西军与南明政权的联合就是李定国努力促成的。

除了道德品格没得说之外，李定国还是个非常有军事才能的人。让李定国名动天下的一战，是1652年的衡州之战，当时，李定国刚在与清军的一场战役中获胜，随后便乘胜进军衡州。清朝接到消息之后，

女真崛起 | 英勇却徒劳的抵抗

便令敬谨亲王尼堪亲率八旗军前往增援,李定国诈败,引诱尼堪脱离了大部队,继而重兵围歼,当场把尼堪给杀了。失去统帅之后,清军大乱,几乎全军覆没。

　　李定国这一战的胜利让当时在中原地区立足未稳的清朝受到了沉重打击,也让很多原本已经心灰意冷的明朝遗民重新燃起希望,让已经江河日下的南明再一次焕发出了微弱的生命力。

　　然而,就在形势刚刚有所好转的时候,南明内部再次发生了分裂,一心争权的野心家孙可望和忠心勤王的李定国杠上了,在叛乱失败之后,孙可望立马就投降了清朝,沉重地打击了永历政权。

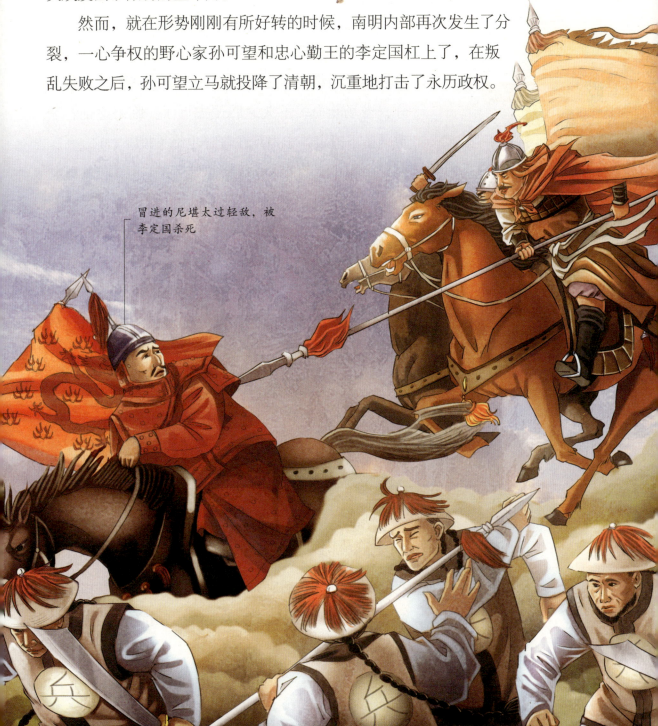

冒进的尼堪太过轻敌,被李定国杀死

清军乘势再次攻打南明，这一次，足智多谋的李定国也无法再扭转战局了。

李定国不是一位优秀的政治家，但他绝对是一名优秀的军人。即便南明王朝大势已去，李定国也从未想过投降清朝，在朱由榔流落缅甸避祸期间，李定国一度和他失去了联系，但即使是在这样的情况之下，他依旧一心整顿兵马，谋求"复明"，直至接到朱由榔被吴三桂所杀的消息，李定国悲痛万分，当场吐血，不久之后便去世了。临终之前，李定国留下遗言：宁可死在荒野也绝不投降。

南明对清朝的顽抗无疑是徒劳的，但即便如此，也依然有着无数胸怀大义之人为此而奋斗，付出了一切，犹如飞蛾扑火般悲壮，令人动容。而作为明朝最后一个殉难的皇帝，朱由榔自始至终都守住了自己的本分，哪怕沦为俘虏，也依旧不卑不亢，或许能力有限，或许运气不佳，但至死都未曾有过放弃的念头。

> **知识链接**
>
> **郑成功的功绩**
>
> 郑成功爱国护民，打跑了荷兰侵略者，收回了中国神圣的领土，是中国历史上杰出的民族英雄。

郑成功收复台湾

在南明岌岌可危的时候，郑芝龙屈膝向清朝投降了，他的儿子郑成功流泪苦劝，却依旧无法改变他的决定。最后，郑成功怀着痛苦与仇恨和父亲彻底决裂，继续跟随南明政府与清朝抗争。

朱由榔得知郑成功的事情之后，册封他为"忠孝伯"，并赐姓国姓朱，因此，后来郑成功抗击清军时，旗帜上都是写着"忠孝伯招讨大将军罪臣国姓"，以此来表明和父亲郑芝龙划清界限的决心。

在与父决裂并起兵抗清之后，郑成功和另一名抗清将领张煌言一起联合北伐，一开始双方合作非常默契，势如破竹，一路攻占了镇江和瓜洲，直抵南京城。但可惜，就在形势一片大好之际，郑成功却犯了决策上的错误，致使战局急转直下，张煌言也被俘牺牲。无奈之下，郑成功只得退出长江，撤回自己的老根据地厦门、金门一带。

> **知识链接**
>
> **荷兰对中国的殖民**
>
> 殖民是一个国家在国外寻求并获得对经济、政治和文化占有权的过程。
>
> 从15世纪开始，从荷兰、英国、葡萄牙、西班牙为首的欧洲国家，受重商主义的刺激，在南美洲、北美洲、亚洲和各大洋的岛屿上开辟了大片的殖民地。
>
> 第二次工业革命后，帝国主义迅速扩张，促使帝国主义国家在非洲、澳大利亚和亚洲尚未沦为殖民地的地区又获得了大量殖民地。
>
> 因此，当时明朝即将灭亡，清朝政权尚未稳定，荷兰便有机可乘，占领了台湾。

这个时候，西南地区还有不少李自成和张献忠的残余部队在活动，比如李定国当时就在云南。郑成功和李定国取得联系之后，原本打算联合进行东西夹击，然后在广东会师，但很可惜，遭遇重创之后的郑成功根本无力进行两面作战，因此这个宏伟的计划还未来得及实施便已经搁浅了。

在这样的情形之下，郑成功意识到，自己如果再继续留在大陆，那么将再无机会复起和清军对抗，于是，他将目标转而投向了海上，瞄准了台湾岛。

台湾是个非常美丽的海岛，据相关文献记载，早在汉代，大陆与台湾就已经有了频繁的交往，海峡两岸不仅有着贸易往来，而且不少大陆的百姓或因战乱，或迫于生计等，都移民到了台湾去谋生。等到元朝的时候，朝廷还正式在澎湖设立了巡检司，将澎湖、台湾等岛屿正式归入了中原王朝的版图。

明朝时候，由于实行禁海令，朝廷海防力量变得十分薄弱，尤其是在明朝末年，朝政腐败，统治衰微，东南海防基本上已经形同虚设，给了外国殖民者可乘之机。也就是在那个时候，台湾岛被荷兰的入侵者们占据了。

在荷兰人侵占台湾之后不久，西班牙人也来了，双方开始不断产生摩擦，都试图赶走对方，独霸台湾。这一闹就持续了十六年，最后，荷兰人胜利了，赶走西班牙人之后，荷兰成了台湾岛的唯一"霸主"。

荷兰人一直认为自己是台湾的主人，以一种高高在上的姿态对台湾百姓实行强制统治，大肆搜刮和掠夺财富，但凡有人敢反抗，便进行残酷的军事

▲ 郑成功战船

镇压,甚至是屠杀。在荷兰人的统治下,台湾百姓简直民不聊生。因此,一听郑成功带人打来了,当地百姓都非常高兴,恨不得能冲上去给他摇旗呐喊。

　　1661年,郑成功率领着数百艘战船和两万余名战士浩浩荡荡出海,很快就抵达了澎湖。经过几天的休整之后,郑成功率领军队从西海岸

的鹿耳门登陆台湾岛,台湾的百姓们一接到消息就纷纷赶来欢迎郑成功,不少人甚至还主动帮士兵们搬运物资,恨不得他们能立马赶走荷兰人,拯救百姓于水火之中。

顺利抵达台湾岛之后,郑成功立刻派人给荷兰总督送去了一封信,在信中,他怒斥了荷兰人侵占中国领土的不道德行为,并义正辞严地告诉荷兰总督:台湾自古以来就是中国的领土!

狂妄自大的荷兰人根本没把郑成功放在眼里,他们仗着自己拥有威力强大的军舰,以为轻轻松松就能给这些大头兵们一个下马威。可没想到的是,这才刚一交手,荷兰人派出的三艘军舰中,最大的那艘就被郑成功部队给击沉了。

突如其来的打击让荷兰人大为震惊,他们甚至还没从失败中反应过来,就被郑成功带领军队围困住了。最终,荷兰总督走投无路,只得乖乖开门投降,并于1662年初奉上投降书,离开了台湾。

收复台湾之后,这里便成了郑成功新的"根据地",他开始在台湾岛上发展农业和经济,并建了学校,让中国的传统文化在台湾得到了传播和发展。然而,就在一切才刚刚步入轨道之际,正值壮年的郑成功却去世了。

皇帝与摄政王

在中国,"摄政"是自古以来就存在的一种制度,比如西周时有周公摄政,汉朝时有王莽摄政,清朝时有睿亲王多尔衮摄政等。通常来说,之所以会出现"摄政"的情况,是因为皇帝作为统治者,却不具备相应的执政能力,因此只能借助"外力",来达到统治的目的。比如皇帝年纪太小,或者身体有病,神志不清等。

被选中参与"摄政"的可以是太后、皇后,也可以是外戚权臣、辅政大臣或者皇室宗亲等。能担任摄政的人,必定有强大的实力和影响力,毕竟是要代替皇帝行使大部分权力,没有足够的实力做后盾是根本没办法做到的。

从古至今,能够善始善终的摄政王可以说少之又少。这其实也不难理解,毕竟摄政王干的工作是替皇帝暂时"保管"权力,等皇帝能够自己做主了,这些权力是得还回去的。而在这个过程中,什么时候还,怎样还,是不是愿意还,诸如这样的问题都可能成为彼此之间的隔阂和心结。所以皇帝与摄政王之间的关系往往都非常复杂。

清朝第一代摄政王就是多尔衮。当初皇太极突然死亡之后,因为皇位的继承问题,清朝内部发生了一场明争暗斗。而那场争斗中,斗得最凶的两方

知识链接

多尔衮的剃发令

清军占领北京城后没多久,摄政王多尔衮公开命令生活在清朝势力范围内的全体汉族人,都要在十天内舍弃原本的发型和服装,换成满洲人的发型和服装,敢有违反者,即刻处死。这就是历史上恶名昭彰的"剃发易服"令。

多尔衮的政令引起了举国上下汉族人的反对,他们不惜以武装暴力的方式反抗政令的执行。

就是皇太极的弟弟多尔衮和皇太极的长子肃亲王豪格。

在双方实力都很强大的情况下,皇太极的九儿子——当时年纪只有6岁的福临被多尔衮推了出来,"渔翁得利"地坐上了皇帝宝座。小皇帝才6岁,自然不具备执政能力,推他即位且实力强大的多尔衮自然成了摄政的不二人选,从此开始了多尔衮不是皇帝的"皇帝"生涯。多尔衮摄政前后一共七年,直到他英年早逝之后,小皇帝福临才亲政。

多尔衮是个非常有能力的人物,不仅头脑聪明,足智多谋,打仗也相当厉害,可谓是文武双全。皇太极死的时候,清军还没能入关,可以说,真正率领清军打进北京城,拉开清朝统治中原序幕的人就是多尔衮。

▲ 大清国摄政王令旨

进入北京城之后，多尔衮颁布了一系列的政策，把乱糟糟的北京城给安定下来，恢复了各部衙门的工作，让官员继续正常办公，稳定了社会秩序。此外，他还宣布废除明朝末期最不得人心的"三饷"，收拢了大批人心。

在摄政的七年期间，多尔衮延续了皇太极的执政策略，"清承明制"，重用汉臣，并且相继攻灭了大顺、大西、南明等各处的小政权，为清朝成为亚洲第一强国奠定了坚实的基础。

多尔衮死的时候，被他一手扶上位的小皇帝几乎是按照皇帝的礼仪给他发丧的，还上了谥号，入了太庙，可以说是当时的最高礼仪了。如果你因此就以为小皇帝和多尔衮感情不错，那就大错特错了。在多尔衮死后的第二年，已经亲政的顺治帝立马就颁布了一道上谕，追查多尔衮的罪状，列出了十条大罪，据说还下令把多尔衮刨坟鞭尸。之后，又把他的牌位从太庙给撤了出来，谥号也给撤了下去。可见，顺治帝对多尔衮，不说恨之入骨，也绝对是没有多少好感的。

有人可能会觉得奇怪，顺治帝能当上皇帝，甚至能一直坐稳皇位，很大程度上都是依靠多尔衮的，那为什么顺治帝还那么"恨"多尔衮呢？

这其实也不难理解，多尔衮摄政七年，封号由原本的睿亲王加封摄政王，又加封叔父摄政王、皇叔父摄政王，到后来甚至称皇父摄政王，可见他的嚣张霸道程度。他摄政七年，顺治帝就当了七年的傀儡，日日担惊受怕，明明是天之骄子，却不得不

知识链接

福临的乾纲独断

多尔衮因病去世后的第二年，多尔衮的同母兄英亲王阿济格就被福临关押起来。12日后，福临在太和殿宣布亲政，"坐殿上指挥诸将，旁若无人"。

另外，福临对孔子、朱元璋和朱由检很有兴趣，从他们身上总结出了治理国家的道理，形成了他的治国思想。

在他面前小心翼翼，做小伏低。如果不是多尔衮英年早逝，那么想必在顺治帝成年之后，双方的权力交接工作恐怕也很难平平稳稳地完成。

顺治帝亲政的时候还不满14岁，放到今天也就是个初中生。虽然有着天底下最尊贵的身份，顺治帝的人生却并不幸福：童年时期过早失去父爱，还懵懂无知就成了权力博弈的工具，登基之后的七年都生活在强势的叔父多尔衮的阴影之下。即便在亲政之后，顺治帝的路也走得并不轻松，庞大的帝国是压在他肩头的重负，清军入关时的杀戮还没有被汉人所遗忘，想要推行"新政"却阻力重重……这样的成长环境和经历都不可避免地让顺治帝成了一个敏感而又悲观的人。

在亲政之后的第二年，顺治帝认识了一位高僧，并热情地邀请他入宫参禅，但最终高僧没有留下。虽然顺治帝未能把高僧留在身边，但他打开了一道"新世界"的大门，他首次接触到了佛法的世界，并迅速沉湎其中，将佛教当成了内心的救赎和信仰。

作为一个皇帝，顺治帝有自己必须扛起的责任，所以即便对佛法再有兴趣，他也不可能真的放下凡尘俗世去遁入空门。但后来发生的事情，却一点点把这个敏感又悲观的帝王逼到了崩溃边缘。

顺治帝的婚姻生活一直都不怎么愉快，从政治需求出发，他先后立过两个来自孝庄太后家族的皇后。第一位皇后生性善妒，顺治帝在忍无可忍之后把她废除了；第二位皇后则平庸无才，根本不足以

> **知识链接**
>
> **皇后**
>
> 皇后简称为后，它的意思不是"皇帝后面的女人"，而是古代皇帝正配的称号。"后"字在古代指君主，譬如夏朝的君主夏启被称作夏启后，后来才引申为"君主的正妻"。

▼ 清朝的马蹄袖

与顺治帝匹配。至于其他的后宫嫔妃，也鲜少有能入得了顺治帝眼睛的。直到后来，一个传奇的女人出现在了顺治帝的生命中，这个女人就是董鄂妃。

关于这位董鄂氏的身世，历史上有很多说法：有人说她曾是一位"满籍军人"的妻子，丈夫死后被顺治帝收入宫中；也有人说她其实就是顺治帝的异母弟弟——襄亲王博穆博果尔的妻子，在襄亲王死后被顺治帝册封为妃。

不管董鄂妃是什么出身，总之顺治帝是看上她了，把她放在了心尖儿上。对于顺治帝来说，董鄂妃不仅是自己的一个嫔妃或红颜知己，更类似于一种精神支柱的存在。但不幸的是，董鄂妃非但没能成为顺治帝的救赎，反而成了压垮他的最后一根稻草。董鄂妃曾为顺治帝生下一个儿子，但这个儿子不满百日便夭折了，两年后，年仅22岁的董鄂妃也香消玉殒。失子丧妻的打击最终压垮了顺治帝。

董鄂妃离世仅四个多月，朝廷就传出了顺治帝驾崩的消息，此时的顺治帝甚至还未满24周岁。也有消息传出，说顺治帝并没有驾崩，而是因为失去了董鄂妃万念俱灰，偷偷出家当和尚去了。

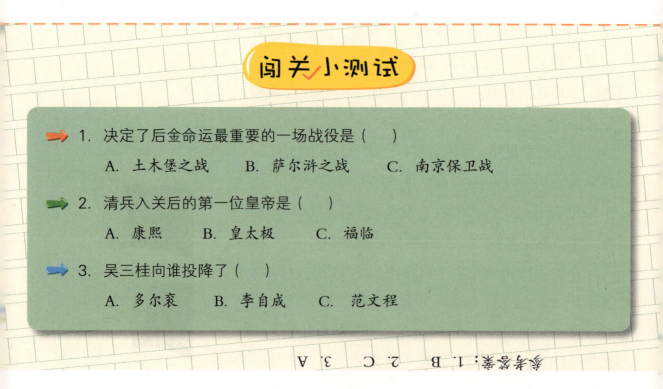

闯关小测试

1. 决定了后金命运最重要的一场战役是（　　）
   A. 土木堡之战　　B. 萨尔浒之战　　C. 南京保卫战

2. 清兵入关后的第一位皇帝是（　　）
   A. 康熙　　B. 皇太极　　C. 福临

3. 吴三桂向谁投降了（　　）
   A. 多尔衮　　B. 李自成　　C. 范文程

参考答案：1.B 2.C 3.A

生机勃勃的王朝

如同历史上不断更迭的众多王朝一样,清朝的统治一开始也是生机勃勃、欣欣向荣的。甚至在康熙与雍正两代明君的努力下,开创了一个真正的盛世。这个盛世为清朝的长期统治打下了坚实的基础,却也为清朝的衰落埋下了祸根。

小皇帝不好惹

顺治帝的英年早逝让清朝又迎来了一位小皇帝,这一次接替顺治帝坐上龙椅的,是他年幼的三皇子爱新觉罗·玄烨,也就是历史上鼎鼎有名的康熙帝。

玄烨并不是顺治帝唯一的儿子,也不是年纪最长的儿子,那么他是如何被选中成为继承人的呢?原因其实很简单,玄烨出过天花。天花在当时是一种非常厉害的传染病,据说当初董鄂妃就是染上天花死的,而一直照顾着她的顺治帝也因此染上了天花,加之没有求生意志,所以很快也就驾崩了。

> **知识链接**
>
> **天花**
>
> 　　天花是一种烈性传染病,死亡率高,表现为严重的病毒血症,染病后死亡率高。倘若感染后没有死亡,体内便产生抗体,终生不再感染天花。

天花这病虽然厉害,但只要得过一次,以后就再也不会得了。玄烨小时候就出过天花,九死一生熬了过来。于是,凭借着这一"优势",他被选中成了继承人。毕竟对于一个王朝来说,统治者的身体健康状况与王朝是否稳固有着直接的关系。

之前说过,皇帝年龄太小,不具备执政能力,那就需要借助"外力",也就是摄政。顺治帝是吃过摄政王多尔衮的苦的,自然不希望自己的儿子也重蹈覆辙。所以这一次,他并没有在家族内找长辈来充当摄政王的角色,而是选了四位异姓大臣来辅助玄烨。顺治帝想得很好,四个大臣,彼此之间就能相互牵制,不会一家独大,而且这四人也不是皇室宗亲,即便生了异心,也不敢贸然谋朝篡位。

顺治帝的想法固然不错,然而世事总有意外,千防万防,顺治帝也没能成功杜绝第二个"多尔衮"的产生。

顺治帝给儿子玄烨选的四位辅政大臣分别是索尼、苏克萨哈、鳌拜和遏必隆。

索尼在四人中年纪最大并且资历最老,算得上是清朝的开国元勋,据说他的妻子还是太祖努尔哈赤的侄女呢!索尼是个很有智慧的人,足智多谋,但毕竟年纪大了,身体自然也不是很好。而且索尼和苏克萨哈有过节,所以其他两位辅政大臣和苏克萨哈意见相左的时候,索尼必然是会支持那另外两位的。

在四大臣中,苏克萨哈的地位仅次于索尼,如果单论身份不看资历,苏克萨哈甚至比索尼要更尊贵一些。相传,苏克萨哈的妻子是努尔哈赤的六

知识链接

努尔哈赤的子女

清太祖爱新觉罗·努尔哈赤(1559—1626年)是清王朝的奠基者。他共有16个儿子,8个女儿,1个养孙女。

努尔哈赤的儿子们大多英勇善战,女儿们的婚姻也多带有政治意图,这些都对努尔哈赤建立清朝有很大的帮助。

▼ 清朝马车

生机勃勃的王朝 | 小皇帝不好惹

女儿,他本人曾经是多尔衮最得力的亲信之一,多尔衮死后,精明的苏克萨哈察觉到风声不对,立马就跑到了顺治帝跟前效忠,把多尔衮给检举了,所以顺治帝是非常喜欢他的。但也因为这段"黑历史",其他三位辅政大臣都不太亲近苏克萨哈,觉得他人品有问题。

再说被称为"满洲第一勇士"的鳌拜,他战功赫赫,之前是皇太极的心腹,在皇太极死后,他因坚决拥立"皇太极的儿子"而得罪了多尔衮,一直受到多尔

衮的打压。顺治帝恨多尔衮，自然愿意亲近他的敌人，何况鳌拜这个人又的确很有能力，所以很得顺治帝的器重。

遏必隆是四大臣中和鳌拜关系最好的，据说他的母亲是努尔哈赤的女儿，父亲是努尔哈赤手下的开国五功臣之一，身份十分尊贵，可遏必隆本人却没能继承其父的聪明才智，平日里行事也没什么主见，因为和鳌拜关系好，所以基本上都是唯鳌拜马首是瞻的。

基于种种情况，渐渐地，鳌拜成了四大辅臣之首，基本上什么都由他说了算。

康熙帝是个非常聪慧的人，比他的父亲更有智谋，他可不愿意乖乖做个傀儡皇帝。这时，年迈的索尼瞒着鳌拜上了道折子，提议遵照祖制，让康熙帝亲政。康熙帝知道这事之后也偷偷给太皇太后写了封信，表明了自己亲政的意愿和决心。之后不久，索尼就去世了，四大辅臣变成了三大辅臣。

在孝庄太皇太后的支持下，康熙六年七月初七（1667年8月25日），康熙帝正式宣布亲政，并将辅政大臣改成了佐政大臣，削弱了余下三位辅政大臣的权力。

虽然康熙帝亲政了，但毕竟还是根基不稳，根本无法和鳌拜对抗。苏克萨哈因得罪过鳌拜，怕自己早晚会被鳌拜给弄死，于是想要逃跑。他主动上书，请求康熙帝让他去给先帝守皇陵。

▲ 太皇太后孝庄

知识链接

辅政大臣

研究中国历史，我们不难发现，年幼的皇帝和辅政大臣在政治上基本都存在难以调和的矛盾。

皇帝虽然贵为天子，但年龄太小，没有治理国家的实际本领，朝政都仰赖辅政大臣。有些辅政大臣专权跋扈，甚至不把皇帝放在眼里。

中国有很多著名的辅政大臣，如西汉的霍光，三国时期的诸葛亮，清朝的多尔衮、鳌拜、肃顺等。

鳌拜却不同意,康熙帝想保护他,但实力确实不够,最终苏克萨哈还是被鳌拜给弄死了。经过这件事之后,康熙帝意识到,自己要想真正说了算,必须得把鳌拜除掉,只要鳌拜在一天,自己的"亲政"就是个笑话!

鳌拜武力高强,在朝堂上权势又大,想要拿住他,就得出其不意。于是康熙帝把政务上的事情统统交给了鳌拜,自己则找了一群年纪相当的少年,成天在宫里头玩摔跤。

鳌拜一看,这小皇帝不过就是个贪玩的毛头小子,渐渐地也就放下了戒心。

一天,康熙帝找了借口让鳌拜来见自己,然后趁着鳌拜没有防备的时候,门一关,那些天天陪着他玩摔跤的少年一涌而出,上来就把鳌拜按倒了。见鳌拜被

制服，康熙帝这才板着脸，开始宣布鳌拜的罪状。

鳌拜这个时候才知道，自己中计了！

鳌拜被擒后，康熙本想杀了他斩草除根的，但不管怎么说，鳌拜的功勋不是假的，他为大清国的付出也不是假的，康熙帝心中对他还是存有几分愧疚的，于是最终给他判了个终身监禁。之后不久，鳌拜就在大牢里郁郁而终了。

作为一个权臣，鳌拜与康熙帝之间的裂缝是无法弥补的，即便鳌拜或许从未有过想要取而代之的念头，但康熙帝也不能不除掉他。

这些年轻人虽然武功不高，但人多力量大，鳌拜再厉害，也只能服服帖帖地趴在地上

鳌拜与多尔衮不同，他是一名优秀的武将，但却不是一个合格的政治家。他个性强硬执拗，对中原文化不屑一顾，没有敏锐的政治嗅觉和长远的政治眼光。

康熙帝是位有抱负的皇帝，他的目标是天下，是整个中国，他很清楚，要实现自己的政治理想和政治抱负，就必须要改革，要学习更为先进的中原文化。而要做到这一切，他首先要做的，就是把挡在前面的鳌拜清除掉，只有真正掌握了权力，扫清障碍，成为朝堂上说一不二的帝王，才能带领着大清走向更辉煌的未来。

吴三桂，一反再反

在康熙帝的一生中，平定三藩绝对是一项不可不提的功勋。

自古以来，藩王问题一直都是皇帝加强中央集权的巨大阻碍，要是解决不好，很可能会直接导致国家分裂。但偏偏，从现实角度来说，很多王朝在建立之初，不管是为了收买人心，还是为了国家管理方面的需求，建藩封王又都是难以避开的路径。因此，不管在哪一个朝代，藩王问题都是皇帝的心头大患。

清朝的三藩藩王分别是吴三桂、耿精忠和尚可喜。

知识链接

《全球通史》中的康熙

《全球通史》这样评价康熙帝：

①康熙有理由这样自信。他统治的大清帝国是世界上最强大、最富庶的国家，就连那些自命不凡的欧洲来访者都不得不承认这一点。

②他在"康熙"这一年号下，统治中国60多年，并成为17世纪的伟大人物。同时康熙又是一位卓越的军事家，一位精细的管理者，一位渊博的学者。

③康熙曾有过几回巡视，他不但视察公共工程、宽赦囚犯、聆听民间疾苦，而且还亲自审阅那些有志向的举子的科考卷子。一位为此而吃惊的教士写道："康熙甚至会召见那些地位低下的劳工和农夫，并以一种友善可亲的态度同他们交谈，这使他深得人心。"也许是因为经常外出巡行，并能亲临下层，康熙学会了识别18个省中的13个省的方言。

> **知识链接**
>
> **藩王**
>
> 藩王有自己的藩王国，他们是处于地方官吏与天子之间的统治者。
>
> 藩王可能是皇室成员、军功重臣，也可能是虽然割据一方、但仍未宣告独立的地方势力头目，还可能是皇帝册封的统治某地的统治者。皇帝常常根据地名或者地域名，赐给藩王各具特色的称号。
>
> 但是，当中央政府瓦解后，有些藩王的藩国不会随之消亡，仍会存在下去。譬如明朝的燕国、朝鲜国、缅甸国等。

当初清军刚刚入关的时候，力量还不足以直接控制住南方各省，加上当时各地还有不少敌对势力在活动，比如南明政权，农民起义军等，因此不得不重用一部分向清朝投诚的明朝降将，依靠他们的势力去对付抗清的南明政权和农民起义军。既然想要用人，那必定是得下放权力并给对方好处的，很多将领的势力就是在这个过程中逐渐成长起来的。

在明朝的降将之中，有四人替清朝出力最大，立功最多，这四人分别是孔有德、耿仲明、尚可喜和吴三桂，所以这四个人都被清朝封了王。后来，在与抗清势力斗争的过程中，孔有德因败给李定国而自杀，他的儿子也死在了李定国手中，所以他的爵位便没有人继承。等到清朝取得全面胜利之后，四个被封王的降将也就只剩下三个了。

此时，虽然局面已经初步稳定，但清朝的主要力量依旧还是集中在北方，八旗军的主力也都被分置在京师和各个重要城池进行驻防，再没有多余的精力可以把控南方，于是朝廷干脆就把南方地区交给了三个藩王去镇守。吴三桂驻守云南，尚可喜驻守广东，已经袭爵的耿仲明的孙子耿精忠驻守福建。三藩就是这样形成的。

藩王和普通的封疆大吏不同，他们在自己的封地上拥有的实权要大得多，有兵权，有属于自己的土地，就相当于土皇帝一样。尤其是清朝统治前期，北方的事情还一团乱麻，朝廷更是无力去干预南方的藩镇，甚至为了便宜行事，朝廷还额外给了三藩不少方便和特权，这让三藩在发展自己的势力时更加得心应手。到后来,三藩各据一方,互通声气,已经俨然发展成割据势力。

康熙帝是个极具野心和抱负的帝王,单看他处理鳌拜的雷霆手段就知道,他是绝对不可能容忍任何对他的统治有威胁的势力存在的,而清扫完鳌拜的势力,将朝堂把控在手中之后,他的下一个目标自然就指向了已经隐隐形成威胁之势的三藩,撤藩已经刻不容缓。

就在康熙帝生出撤藩念头的时候，尚可喜突然主动请求告老还乡，这简直就是瞌睡有人递枕头，康熙帝立马就批准了。

吴三桂和耿精忠一看，势头不对啊，莫非小皇帝有什么想法了？于是两人就打算试探试探康熙帝的态度，主动上表说要撤销藩王的封号，结果没想到，康熙帝连客气一下都没有，直接大笔一挥就同意了，这回吴三桂和耿精忠真急了。

在三藩之中，吴三桂的实力是最强的，他怎么也不可能乖乖任由小皇帝把他的权给削了。于是，在洞悉了康熙帝的想法之后，吴三桂立马就打出了"反清复明"的旗号，自称"天下都招讨兵马大元帅"，并四处联系有"抗清"意向的人马，比如同样面临被削藩的福建耿精忠，野心勃勃的尚可喜之子尚之信，一直没有放弃"抗清"的台湾郑氏，还有西南和西北地区的一些将官。

清朝毕竟是满洲人统治的，和汉人始终存在着隔阂，因此吴三桂"反清复明"的旗号一打出来，倒是赢得了不少汉人的拥戴，一时之间，反清队伍如星火燎原一般，燃烧了南方的半壁江山。

一看势头大好，吴三桂也乐了，趁机向朝廷叫板，提出要和清朝分长江而治，试图真去做一个名副其实的土皇帝。康熙帝却根本没理会吴三桂，一方面有条不紊地指挥清军作战，另一方面则私下招降耿精忠和尚之信。

三藩之间本来就有不少矛盾，彼此更是猜忌不断，谁也不可能真的完全信任对方，尤其是在后期

> **知识链接**
>
> **康熙的养生之道**
>
> 在中国的皇帝中，康熙活是很长寿的。这主要归功于他的饮食、起居遵守规律，衣服整洁干净，具有良好的生活习惯：
>
> ①不过量饮食。根据自然规律按时睡觉起床。这是康熙养生的重点。
>
> ②衣服干净整洁，屋内布置合理，令人赏心悦目。
>
> ③饮酒要适量，不抽烟。康熙是不反对饮酒的，但他反对无节制地饮酒，特别是醉酒。
>
> ④心平气和，宠辱不惊。康熙认为只有心平气和地去思考问题，才能想出最好的办法，得到最好的结果。
>
> 康熙根本就不信长生不老之说，他认为生老病死是自然规律，我们只要顺应自然，做好保养，就能最大限度地延长寿命。

生机勃勃的王朝 | 吴三桂，一反再反

战事连连失利的情况下，耿精忠和尚之信很快相继投降了。等台湾郑经的部队也被打败之后，就只剩下吴三桂还在孤军奋战。在这种情况下，即便投降恐怕也不会有什么好下场，于是吴三桂干脆一不做二不休，直接在湖南衡阳称帝了。可笑的是，当初吴三桂起兵造反之所以能赢得广大人民的响应，是因为他打出了"反

身为明朝的叛徒，吴三桂喊出"反清复明"，简直就是自欺欺人

清复明"的旗号,如今他却自己称帝,狼子野心昭然若揭,那些为了"复明"而跟随他的人自然也就不会再追随他了。

眼看颓势已经无法挽回,没过多久吴三桂就在病中一命呜呼了,把一堆烂摊子都留给了孙子吴世璠。无奈之下,吴世璠只得带着手下退回云南,兵败之后就在昆明自杀了。由此,这场持续了整整八年的三藩之乱才终于落下帷幕。

▲ 郑芝龙

施琅的复仇

对于远在台湾的郑氏政权,清廷一直都没有放松过警惕,除了必要的军事打击之外,也一直试图招抚郑氏归降。自康熙帝登基之后的十九年中,清廷与郑经接触过不下十次,甚至不惜做出一些重大的让步,来诱使郑经归降,但郑经始终没有松口。

一开始,郑经不愿意向清廷投降,很大一部分原因或许是为了遵循父亲郑成功"反清复明"的政治理想。但到后来,这种坚持就渐渐开始变味了,他居然妄图将台湾"独立"出去,要求清廷承认台湾并不是中国版图的一部分。

对于郑经这种试图搞国家分裂的行为,康熙帝自然不能同意,于是加紧了武力收复台湾的计划,施琅正是清廷数次武力征服台湾计划的主要负责人之一。

生机勃勃的王朝 | 施琅的复仇

施琅我们前面提到过，他曾是郑成功父亲郑芝龙的部下，还曾参加过南明发起的北伐战争，只不过那个时候，他还只是一个名不见经传的士兵。

施琅是个很有能力的人，他年轻时离开家乡，在叔叔施福的介绍下加入了郑芝龙的队伍，因为立过几次战功，很快就晋升做了游击将军。1646年，郑芝龙不顾家人的阻挠，秘密率部众投降了清朝，那时候施琅就在郑芝龙的队伍里。

郑芝龙投降之后并没有得到他梦寐以求的高官厚禄，反而被挟持到了北京软禁起来，而他手下的那些官兵则被强行分配到了清军的军营里，施琅当时也被编入了清军的军队。那时候的施琅并不是真心愿意归降清朝的，因此他后来在得知郑成功与父亲决裂，并起兵抗清的时候，便带着弟弟施显和一些同样不愿归降清朝的部众投到了郑成功的麾下。

那时候，郑成功和施琅关系还算不错，郑成功非常欣赏施琅的军事才能，委任他做了自己的左先锋，对他相当器重，不管遇到什么大事，几乎都会先和他商量再做决定。施琅也很感念郑成功，一心一意地帮他做事。但那个时候，无论是施琅还是郑成功都太年轻了，一个恃才傲物，一个年轻气盛，经常会因为意见不合而发生摩擦，两人的关系也渐渐恶化起来。

真正促使施琅与郑成功决裂的是1652年发生的"曾德事件"。曾德本是施琅手下的一员士兵，因为触犯军法，害怕被施琅责罚就逃跑了，投奔到了郑成功那里寻求庇护。郑成功也不知看中了他什么，

知识链接

汉族

汉族是我国人口最多的民族，占总人口的90%以上。汉族的称谓起于汉代，至今仍在使用。

兵和勇

清朝士兵的衣服上经常绣着两个字——"兵"和"勇"。虽然只是一字之差，同样是清朝的士兵，但它们的待遇却千差万别。

简单地说，兵代表的是正规军，各方面待遇都非常好；勇代表的是民兵，是临时组织起来的士兵，待遇自然比不上正规军，一旦不再需要，就有可能随时解散。

直接把曾德提拔做了自己的亲随。施琅知道这件事情之后非常生气，立马派人强行带回曾德，并将他处死了。施琅的行为无异于打了郑成功的脸面，郑成功勃然大怒，直接下令，让人把施琅和他父亲、弟弟都给抓来。收到消息之后施琅就跑了，郑成功一怒之下处死了施琅的父亲和弟弟，两人就这样结下了不共戴天之仇。

经此事件之后，施琅对郑成功恨之入骨，随即就投靠了清朝。当时，清朝的闽浙总督李率泰对施琅十分看重。在收到对方主动投降的消息后喜出望外，立刻向朝廷上奏。朝廷的反应也很快，没多久，施琅被封官的圣旨就下来了。施琅的旧部听说以后，也都投降了清朝。

在三藩之乱开始前，清廷曾先后两次派施琅率领水师去攻打台湾，但两次出师都在海上遭遇了风暴，因此只得无功而返。这两次的失败让清廷暂时放弃了攻打台湾的计划，也让施琅丢掉了福建水师提督的工作，被召回京做了内大臣。

三藩之乱的时候，郑经和吴三桂勾结到了一起，再次引起清廷的重视。当康熙帝基本上处理完三藩的事情之后，又恰巧收到消息，得知郑经去世，台湾内乱，康熙帝喜出望外，当即就拍板决定再次出征台湾。负责此次出征事宜的是福建总督姚启圣，在他和李光地的力保下，康熙帝再次起用了施琅，任命他为福建水师提督，加太子少保，参与到此次出征台湾的计划中。

在制订进攻计划的时候，施琅和

> **知识链接**
>
> **满汉全席**
>
> 　　满汉全席是清朝的宫廷盛宴，既包含了宫廷菜肴的特色，又加入了地方风味的精华；既突出了满族特殊的风味，如烧烤、火锅等，几乎是必备的菜点，也甄选了汉族烹调的特色，如扒、炸、炒、熘、烧等方式，菜系齐全，是中国宴席的最高峰。
>
> 　　满汉全席的菜点一般至少一百零八种（南菜54道和北菜54道），要分三天才能吃完。

▼ 晋江施琅纪念馆的雕像

姚启圣产生了严重的分歧,这让施琅意识到,如果他和姚启圣之间的职责分配不清楚,那么遇到意见不合的时候,就很难当机立断。于是,他私下给康熙帝上了密折,将自己的进军计划详述了一遍,并提出想要独揽此次出征的征剿大权。原本康熙帝并不打算答应施琅的请求,毕竟之前的两次失败实在很难让康熙帝信服施琅,但在李光地和大学士明珠的力荐下,康熙帝最终还是点头答应了施琅的请求。

1683年,施琅率领水师两万余人,战舰三百余艘,向台湾的门户澎湖进发,并在这里收获了第一场胜利。

在军队里,逃跑是大罪,曾德不管犯下了什么错,都应该勇于承担。逃避只会带来更大的麻烦

中国的帆船在当时是领先于世界的，由于帆中间设置了很多褶皱，能较好地适应风向，这比当时外国没有褶皱的帆更方便

> **知识链接**
>
> **提督**
>
> 提督的全名是提督军务总兵官，武职官名，全权统领一省陆路或水路的官兵。提督一般都是清朝各省绿营的最高主管官，堪称封疆大吏。
>
> 按职能划分，提督分为陆路提督与水师提督，所辖范围包括一至两省，数万甚至数十万平方千米。

澎湖大捷让清军备受鼓舞，康熙帝也感到十分高兴，恨不得大军能一鼓作气把台湾拿下。但考虑到全局问题，康熙帝认为，在这种时候，招抚显然比武力镇压要更有效。在得知康熙帝的想法之后，施琅一方面积极响应招抚的策略，另一方面也丝毫没有放松攻取台湾的准备。最终，在一番交涉过后，郑经之子郑克塽正式向清朝上表请降。

数百年来，后人对施琅的评价褒贬不一。有历史学者认为，虽然施琅降了清朝，但并不等于他就背叛了郑氏，毕竟当初郑成功收复台湾，为的就是民族大义，捍卫祖国的统一，这和后来施琅投降清朝之后帮助清廷完成大陆与台湾的统一，本质上是没有什么不同的。从这个角度来说，施琅并不是郑成功的叛徒，而是他遗志的继承者。

在施琅的故乡——福建晋江的施琅纪念馆里就悬挂着这样一副对联："平台千古，复台千古；郑氏一人，施氏一人。"

俄国人来了

直到 16 世纪，俄国还只是欧洲一个不算大的封建农奴制国家。大约从 16 世纪中叶开始，俄国统治者逐渐对外进行侵略扩张，并将目标一点点转移到了中国黑龙江流域一带。

事实上，早在明朝崇祯皇帝统治年间，俄国就数次入侵黑龙江流域进行烧杀劫掠，他们从未停止过对黑龙江这块沃土的觊觎。当康熙帝忙于平定三藩的时候，俄国人发现机会来了，他们迅速侵占了原本属于中国的领土——尼布楚和雅克萨等地，并建筑寨堡工事，以此为据点，数次骚扰并劫掠黑龙江中下游地区。

俄国人的行为让康熙帝非常愤慨，他数次派遣使者去和俄国交涉，警告他们停止这种入侵行为，但俄国人却根本不惧怕清廷的威势。数次交涉无果之后，康熙帝终于意识到，想要阻止这些侵略者，只有使用武力这一途径，一次性把他们狠狠地打怕了，才能让他们把这些歪心思都给收起来。

平定三藩之乱的次年，康熙帝就立即将目光转向黑龙江，为攻打俄国人做准备。为了了解黑龙江流域的具体情况，康熙帝命副都统郎坦、彭春和萨布素等率领数百名官兵，以捕猎为借口，潜入黑龙江流域刺探敌情。为了随时掌握敌军情况，康熙帝联系了当地达斡尔和索伦族的领头人，让他们负责监视敌人的行动。蒙古车臣汗也接到康熙帝的指令，和俄国人断绝了贸易，以此来封锁侵略者通过贸易往来传递的消息。

此外，为了保证打仗时消息的流通，清廷在瑷珲到吉林的途中增设了19个驿站。康熙帝还下令让工匠抓紧造船，以保证届时军粮能够通过松花江和黑龙江的水路，顺利运送到前线。

> **知识链接**
>
> **黑龙江省**
>
> 　　黑龙江省简称黑，省内有条名为黑龙江的河，所以将此省称为黑龙江省。黑龙江省的省会是哈尔滨，中国领土的最北端和最东端都在此省。

生机勃勃的王朝 | 俄国人来了

做好一切作战准备之后,清军派人向雅克萨等地的俄国人下达了最后通牒,要求他们立即撤离。俄国人根本不理会,反而还挑衅般地派人去瑷珲抢劫了一番,以此来向清军示威,强硬地表明了自己对清廷的不屑。

1685年,终于被彻底激怒的康熙帝令萨布素将军率领士兵围攻雅克萨,清军用红衣大炮围着雅克萨城轰了三天,城中俄军被迫投降。可没想到的是,这些俄

国人却根本不守信用,前脚刚投降,听说清军撤离,后脚立马就背信弃义地回来了,又重新占据了雅克萨。对于俄国人的行为,清廷深感愤怒,清军马上又开始了第二次雅克萨之战。这一次,清军整整围困了雅克萨长达十个月,走投无路的俄军只能又一次被迫投降。

1689年,本就不愿意多生事端的清朝和俄国在尼布楚进行谈判,最终签订了《尼布楚条约》。这是中国有史以来和外国签订的第一个关于领土边界的平等条约。但以现在的眼光来看,《尼布楚条约》所涉及的平等,只是两国地位上的

平等。在条约最关键的利益问题上，清政府做出了很大的让步，把原本属于中国的黑龙江流域以北大多土地划给了沙俄。从某种意义上讲，这同样是一份不平等条约。清政府的做法在侵略者看来，无疑是软弱可欺的表现。

有人说，康熙帝之所以会干这种"亏本"的事，是故意放俄国一马，并利用他们来牵制蒙古各部，让这两股势力相互牵制，从而达到"坐收渔利"的效果。不管是出于怎样的考量，我们可以确定的是，至少在当时，清朝的统治者们根本没有把国外那些正在发展和崛起的新势力放在眼中，甚至还沉浸在"天朝上国"的自我满足里，而这种意识最终会为清朝的统治埋下危险的种子。

▲ 自大的天朝上国

皇帝，人人想做

历朝历代，皇子争夺储君之位的戏码都是最跌宕起伏、精彩纷呈的，比如康熙王朝晚期的"九子夺嫡"，就是一场不容错过的宫廷大戏。

康熙帝很长寿，并且儿子很多，一共有35个儿子。而最终卷入夺嫡之争的皇子主要有九个，大阿哥胤禔、二阿哥胤礽、三阿哥胤祉、四阿哥胤禛、八阿哥胤禩、九阿哥胤禟、十阿哥胤䄉、十三阿哥胤祥以及十四阿哥胤禵，这九位皇子形成五大朋党，为争夺

知识链接

瑷珲与爱辉

清朝时期的瑷珲古城，汉语称之为"黑龙江城"，满语称之为"萨哈连乌拉霍通"，是清朝的军事重镇之一。1858年后开始出现"瑷珲"一词。1956年将其改称为"爱辉"。

2015年5月，黑龙江省政府下发文件，将"爱辉"改回"瑷珲"。

驿站

在我国古代，驿站是供传递文书和情报的人或者来往官员在中途吃饭、休息、换马的地方。

我国在世界上率先建立了传递信息的邮驿体系，距今已有3000多年。

储君之位上演了一出又一出的阴谋大戏。

◎ 大千岁党

大千岁党是以大阿哥胤禔为首的朋党。胤禔是康熙帝的第五个儿子,因为前四子都早殇,所以胤禔就"晋升"成皇长子了。胤禔的舅舅很出名,就是大学士明珠,明珠有个更出名的儿子——纳兰容若。

在众皇子中,胤禔算是比较聪敏能干的,加上又是长子,所以早年很得康熙帝的喜爱,但可惜,他并非康熙帝属意的太子人选。胤禔痴迷巫术,为了谋夺储君之位,还曾使用巫术诅咒过太子胤礽,在事情败露之后,被康熙帝削去爵位并终身监禁。

◎ 太子党

太子党自然就是以皇太子胤礽为首的朋党,索额图正是太子党的首脑。胤礽的生母是康熙帝的结发妻子皇后赫舍里氏,和康熙帝的感情非常好。在皇后难产去世之后,康熙帝把对皇后的感情都投注在了这个儿子身上,并且在他刚满一岁时就立为储君,带在自己身边精心培养。

在青少年时期,胤礽还是非常不错的,天资聪颖,为人贤德,文武双全,并且有很高的治国天赋。加之胤礽从小就是康熙帝属意的接班人,所以很早就得到准许可以参与政事,跟在康熙帝身边历练。久而久之,胤礽自然也就形成了自己的势力。

在所有的儿子中,康熙帝对胤礽的感情是极为特殊的,甚至有些娇纵和溺爱,哪怕他犯了错,康

▲ 清朝瓷器

　　清朝时期,我国古代瓷器的制作水平达到了顶峰。

　　数千年的成熟经验,加上景德镇的天然优质原料,以及清初康熙、雍正、乾隆三代的励精图治和国家的繁荣富强,这一时期瓷器的成就非常高。

熙帝往往也是采取包庇纵容的态度。

本就是天潢贵胄，偏偏又得到这样的纵容，使得胤礽变得越来越肆无忌惮，甚至不知不觉中养成了不可一世、蛮横无理的性格，昔日贤德的少年也变得越发乖戾暴躁。

之前说过，康熙帝是位很长寿的皇帝，而长寿带来的结果就是，太子不得不在储君的位子上坐很多年，一直没机会登上龙椅，继承大统。这个事情是很让人暴躁的，就好像你干一份工作，几十年都没有升职机会，任谁都会心生不满，更何况是被娇纵坏了的皇太子呢？于是，父子俩之间的矛盾和隔阂就开始渐渐产生了。

1703年，康熙帝以"议论国事，结党妄行"的罪责把索额图拉下了台，这实际上是对太子的一种变相警告。

在索额图垮台之后，康熙帝与胤礽之间的猜忌却逐年加重，一直到1708年的时候，因皇十八子病危事件，康熙帝废除了胤礽的储君之位。

太子被废之后没多久，康熙帝就开始后悔了，思来想去，还是觉得放不下这个儿子，于是没多久，又赶紧找借口恢复了胤礽的太子之位。但到这个时候，父子之间的感情显然已经不可能再回到过去了，1712年，康熙帝终于下定决心，第二次废了胤礽的太子之位。

自此之后，这位深得康熙帝宠爱的儿子就彻底退出了政治舞台。

> **知识链接**
>
> **中国的储君制度**
>
> 在中国古代，女性没有继承权，皇位主要是嫡长子继承制。确立继承人的原则是"立嫡立长"，即继承的顺序是嫡子优先、年长优先，嫡子（正妻所生的儿子）中年龄最大者是第一继承人。如果没有嫡子，就从庶子中选择最年长的作为继承人。
>
> 另外，也有嫡子早逝后立他的儿子为继承人的，譬如朱元璋在太子朱标病故后，立朱标的儿子为皇太孙。
>
> **爵位**
>
> 爵位是君王对朝廷重臣的封赐。在周朝有公、侯、伯、子、男五爵，所以爵位原本是诸侯获封赐的封建等级，后来随着朝代的更替而有所变化，与封建制度密切相关。

三爷党

所谓的"三爷党"实质上并没有形成什么明显的朋党之势,因为围绕在三皇子胤祉身边的,基本都是和他一样喜欢舞文弄墨的文人。他们每天主要干的事情就是负责编书,重修坛庙、宫殿,编制历法,研究乐器等,几乎没干过什么争权夺利、结党营私的事情。

三爷党最大的成就是编辑了《古今图书集成》,可以说是相对纯洁的文人团体。

四爷党

四爷党以四阿哥胤禛为首,是夺嫡大战中的最后获胜方。

胤禛很有城府,他出身不高,也没有得到康熙帝特别的喜爱。在胤礽首次被废之前,他一直都是太子党的人,并且对储君之位没有表现出丝毫兴趣。胤礽第一次被废黜的时候,众皇子掀起了一个夺嫡的小高潮。这个时候,胤禛依旧非常低调,不争不抢,而且还数次维护太子,帮他说好话。直到胤礽第二次被废黜,再也没有复立的可能时,胤禛的心思才日渐活泛起来,储位之争也日渐白热化。

那个时候,皇长子胤禔已经被圈禁;皇二子胤礽也失去了再度夺位的可能;皇三子胤祉势力太小,羽翼未丰,主动退出了夺嫡之战;皇十四子胤禵虽有兵权,却没有门人,威望也不足,因此胜算不大。如此一来,原本的九子夺嫡局面渐渐演变成了皇四子胤禛与皇八子胤禩之间的对决。

▲ 龙椅

龙椅是指古代皇帝所坐的椅子,通常在早朝时放在朝堂的台阶上。龙椅多由木头制成,并在扶手上刻龙形图案,为了显示皇家威严,又在表层涂上一层黄漆。

相传,魏征曾问唐太宗李世民:"您知道为何您是皇帝吗?"唐太宗说了许多答案,魏征都不赞同。最后魏征说:"因为您坐在龙椅上。"在古代的皇权思想中,龙椅和玉玺一样,是皇权的象征。

胤禛是个非常隐忍的人，在朝堂上一直都表现得非常低调。胤禩则不同，他加入储位之争要比胤禛早，自身又是个极有能力的人，不免有些锋芒外露，这在康熙帝眼中可不是什么好事。毕竟对于一位日渐年迈的皇帝来说，过于优秀的儿子往往正是他得小心提防的对象。

因此，在康熙帝心中，看似与世无争、低调稳重的胤禛，要比锋芒毕露的胤禩更得他的欢心，也难怪胤禛会成为最后的赢家。

八爷党

以八阿哥胤禩为首的八爷党绝对是夺嫡之争中所有朋党里势力最强的一支，也是追随者最多的皇子，九阿哥胤禟、十阿哥胤䄉和十四阿哥胤禵都是胤禩的支持者。

胤禩天资聪颖，德才兼备，年纪很轻就在朝野中传出极好的名声，被人们称为"八贤王"。在太子胤礽第一次被废的时候，八爷党就"蹦跶"得非常厉害。当时康熙帝心里对废黜太子一事是比较后悔的，一直想着找个理由再把胤礽给立回来。后来找了个机会，康熙帝在朝堂上问百官，到底让谁当储君比较合适，那时候康熙帝心里依旧是属意胤礽的，可没想到，大部分官员都举荐了胤禩，这让康熙帝非常不满，也是从那个时候开始，康熙帝对胤禩起了防范之心。

在储君之争中，胤禩可以说是胤禛最大的敌人，因此后来胤禛登上皇位之后，便把胤禩从皇族

> **知识链接**
>
> **《古今图书集成》**
>
> 《古今图书集成》原名《古今图书汇编》，由康熙年间福建侯官人陈梦雷等编辑而成。
>
> 该书共10000卷，目录40卷，共分6编32典，耗时28年，是我国现存的规模最大、资料最丰富的类书。
>
> **白热化**
>
> 当金属物质的温度达到摄氏一千五百度以上时，它的火焰炽热并呈白色，因此将这种现象称为白热化。
>
> 后来，人们将这一物理现象应用到生活中，凡是事物的变化达到最高点就称为白热化，比喻事态、局势演变到了最激烈的阶段。

中除去，并削去爵位关入了宗人府。不久胤祀就病逝了。

经历了惨烈的"九子夺嫡"，雍正帝在登基之后就一直在反思现有的立储制度到底出了什么问题，以及怎样才能避免皇子之间为争夺储君之位而自相残杀。反思的结果就是，雍正帝发明了一种新的立储制度——秘密立储制。

简单来说，就是由皇帝自己预先选定继承人，并亲自写一道传位密旨，放在盒子里锁起来，然后再放到乾清宫"正大光明"牌匾的后头。等到皇帝驾崩之后，再由王爷、大臣们共同见证，根据密旨的内容册立新君。

这样做尽可能地避免了皇子之间的恶性竞争，由于并不知道皇帝属意的人是谁，故而也不会产生"公敌"。更重要的是，因为不能明确未来储君的继承人，所以大臣往往也很难专门去依附哪一位皇子形成权力集团。

> **知识链接**
>
> **夺嫡**
>
> 夺嫡指以支子的身份夺取嫡子的地位。在封建社会，嫡子拥有优先继承权，而支子往往与皇位无缘。但是，当皇帝宠爱支子，或者支子非常贤明，那么支子就很可能成为皇位继承人，使皇帝废掉嫡子，这就是夺嫡。

◀ 宗人府

此后，秘密立储制就一直在清朝延续了下去，而像"九子夺嫡"那样惨烈的皇子斗争也确实没有再上演过。

巩固王朝的统治

康熙帝在位长达 61 年，因此雍正帝即位时，都已经是四十多岁的人了。虽然雍正帝在位一共才 13 年，时间并不算长，但他所做的一切对巩固清朝的统治起到了至关重要的作用。

雍正帝登基后推出的一系列新政策中，有四项非常重要，影响非常深远，即改土归流、摊丁入亩、废除贱籍及耗羡归公。

先说改土归流。

这里说的"土"，指的就是"土官"，"流"则是"流官"，所谓改土归流，顾名思义就是把"土官"改成"流官"。

说起"土官"，就要提到"羁縻制度"，最早可要追溯到汉朝了。汉朝的张骞在出使西域时发现了神秘的丝绸之路，在汉武帝的授意下，张骞与司马相如一起负责打通这条贸易之路。在这个过程中，他们一路接触到了不少少数民族部落，这些部落仗着险要的地理环境占山为王，根本就不听朝廷的号令，给张骞造成了不少麻烦。

这些部落虽小，但征服起来却不是件容易的事，

> **知识链接**
>
> **秘密立储制度**
>
> 在人们的印象中，清朝实行秘密立储制度，既不一定传位给长子，也不预立太子。但事实并非如此。
>
> 在清朝的 12 位皇帝中，只有 4 位皇帝是通过秘密立储制度被选定的，他们是乾隆、嘉庆、道光、咸丰。所以说，秘密立储制只是清朝皇位传位制度的一部分，并不是全部。

因此朝廷只好采取安抚政策，在这些地方沿途设立了土官，让他们自己人管自己人，只要不造反，不给朝廷造成麻烦就行。

土官是世袭制的，由当地的部族首领父传子，子传孙，就跟皇帝一样。这对于国家统一政令显然并不是一件好事，而且对当地的经济文化发展也很难起到促进作用。这种管理少数民族地区的方法，历经唐宋的发展，至元明时期逐渐形成了土司制度，并达到了鼎盛。

雍正帝即位以后，最先提出要更改西南地区土司制度的，是云贵总督鄂尔泰，他连续数次上书雍正帝，直陈土司制度带来的限制和弊端，要求对其进行改革，尤其是要把土司的特权给取消了，让外派的官员到这些地方上进行治理。

对于鄂尔泰的提议，雍正帝也非常认同，就把这件事交给了鄂尔泰全权负责。这个消息很快就走漏了出去，贵州地区的长寨土司一听不干了，怎么能撤销特权呢？于是干脆起来叛乱。

鄂尔泰很高兴，他原本就打算要杀鸡儆猴，揪出一些极端分子来惩治一下，就当先给那些人提个醒。现在既然有人主动跳了出来，鄂尔泰自然不会放过这个机会。他大手一挥，直接武力镇压，取消了土司的管理权，并在当地设立了长寨厅。接着，他又以雷霆手段把乌蒙和镇雄两地的叛乱也给平定了。

改土归流的潮流很快就席卷了西南各地，朝廷根据各处不同的情况，采用或强硬、或怀

知识链接

朝廷

在中国、日本、韩国、越南等汉字文化圈国家里，朝廷是指由皇帝或国王建立的统治机构的总称。

朝廷是皇帝、国王接受朝见和处理朝政的地方，也可以作为以君主为核心的中央统治机构或者君主的代称。

▼ 正大光明

"正大光明"匾由顺治帝书写，悬挂在乾清宫的正殿上。因为它具有特殊的历史意义，随着影视剧的不断渲染，几乎成了清朝的一个标志。

柔的手段迅速废止土官权力，改由中央派驻的流官管理地方。

再说摊丁入亩。

中国自古就有一种税收，叫做人头税，也称之为人丁税。这个税是男性成年之后要缴纳的税款，按人头计算。这种税对富人来说可能根本不算什么，但对穷人而言却是极为沉重的负担。

清朝刚刚入主中原的时候，社会秩序还比较混乱，不仅有很多明朝余党在活动，各处还活跃着不少的强盗土匪，致使人口不断减少。当时朝廷财政也很困难，为了充盈国库，居然把死去的人的人头税给算到了活人头上，这种做法大大激化了原本就尖锐的社会矛盾。

到康熙帝统治时期，为了平息民愤，曾下过一道圣旨，免了新增人口的人头税。但很显然，这种方法也是治标不治本的，虽然缓和了一定的社会矛盾，却没有从根本上解决这个问题。

等到了雍正一朝之后，雍正帝在现有制度的基础上，制定了这一极具改革性的政策——摊丁入亩。这一政策简单来说，就是把政府要征收的各项税赋都摊入田亩中进行统一征收。它废除了中国存在一千多年的人头税制度，大大减轻了没有土地的农民的负担。更重要的是，人头税的取消让人们可以放心地生孩子，增加社会人口。

废除贱籍也是雍正帝的一项功绩。

中国古代历来就有所谓的"贱民"之说，比如世仆、歌妓、乞丐、媒婆等等，都属于"贱民"。

> **知识链接**
>
> **杀鸡儆猴**
>
> "杀鸡儆猴"是指通过杀掉一只鸡来吓唬猴子，后来比喻通过惩戒一个人而警戒其他人。
>
> 从成本角度来考虑，杀掉一只鸡的成本要远远小于杀掉一只猴子，并且猴子要比鸡更加有用，轻易杀不得。于是，为了惩戒猴子，人们往往在猴子面前把鸡杀死，让猴子看到犯错误的惩罚，从而产生畏惧，收敛自己。

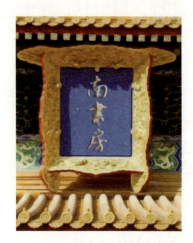

▲ 北京故宫的南书房门匾

知识链接

野史

野史指古代由私人编写的史书，与官修的史书不尽相同的史书，是与"正史"相对而言的。我国古代就有"稗官野史"的说法，稗官就是搜集民俗民情的小官。

南书房

南书房是清代皇帝的文学侍从值班的地方。设立在乾清宫的西南侧，本来是康熙帝用来读书的地方，也称南斋。

康熙帝为了削弱议政大臣的权力，便提高南书房的地位，将外朝内阁的部分职能移归内廷，以实施高度集权的管理制度。

这类人不能读书，也没有资格做官，世世代代身份都不能改变，而且通常不能与普通民众进行通婚。

雍正帝登基之后，便逐渐废除了贱籍，让这些人得以编入正户，享受和普通民众同等的待遇和权利。雍正帝此举让上百万人摆脱了身份上的沉重枷锁，解决了中国数百年来的历史遗留问题。这一功绩是非常伟大的，其意义不亚于林肯的解放黑奴。

最后是耗羡归公。

在征税的过程中，通常都会存在一些耗损，为了保证税款能够足额上缴，所以地方在征收税款的时候，往往会有一些附加税，这些附加税就被称为"耗羡"。

耗羡的征收没有统一标准，完全是由各地官员自己定的，很多官员正是利用这一点，从百姓身上榨取钱财，给百姓造成了极为沉重的负担。也正是因为没有统一的管理和制度，耗羡成了官员们的"合法收入"，故而才会造成"三年清知府，十万雪花银"的普遍贪腐现象。

雍正帝实行耗羡归公，就是把这些附加税变成了固定税额的法定税款，彻底斩断了官员的这一条贪腐通道。

客观来说，雍正帝的这一举措的确在一定程度上减轻了老百姓的负担，对整顿吏治和减少贪腐也有一定的积极作用。

相比康熙帝而言，雍正帝统治的时间确实不算长，但他的功绩是值得历史铭记的。虽然种种野史笔记、小说评书之中，都流传着不少捕风捉影，甚至故意抹黑雍正帝的故事，但不管怎么说，再多的流言蜚语也无法掩盖他励精图治、改革时弊的伟大功绩。

大事听皇帝的

根据史书记载，清朝的国家大事都由皇帝一个人说了算，可见，清朝时候的中央集权制度已经发展得非常成熟了，皇帝完全可以实现"乾纲独断"，而实现这一切的一个关键因素，就是雍正帝所设立的军机处。

在康熙帝统治时期，为了加强皇权，曾设立过南书房，这是一个由皇帝严密控制的核心机要机构，也是康熙帝用来将外朝内阁的某些职权收归掌中的"工具"。

通过设立南书房，康熙帝逐渐将国家大权控制在自己手中，形成了以皇帝为主的权力中心。

我们知道，雍正帝能当上皇帝是件非常不容易的事，隐忍了大半生才终于从九子夺嫡中脱颖而出，披荆斩棘地坐上了龙椅。

所以，对于巩固皇权这件事，雍正帝比康熙帝要重视得多。在南书房的基础上，雍正帝又创立了一个新的、能够帮助他进一步巩固皇权的机构，那就是军机处。

▲ 张廷玉办事干练

清朝征讨准噶尔时，曾经有段时间战事特别吃紧，每天请求张廷玉指示和批阅的文件达到数百件，但张廷玉没有耽搁一件，更没有做错过。

史书记载，他常常坐在轿中不忘办公，甚至晚上回家后还要熬夜加班，确保第二天能及时拿出处理意见。雍正帝曾夸赞他说："尔一日所办，在他人十日不能及也。"

知识链接

准噶尔部

17世纪至18世纪，准噶尔部控制了天山南北，建立北方最后的游牧帝国。它西起巴尔喀什湖，北越阿尔泰山，东到吐鲁番，西南至吹河、塔拉斯河，18世纪在清朝的连续打击下灭亡。

▲ 龙与皇权

自汉代以后，龙逐渐就成了皇帝的代表，象征着皇权。到了元、明、清时期，龙袍上和宫殿中的龙都成了五爪大龙。

龙本来和皇权毫无关系，长期以来，龙只出现在神话和人们的信仰中。民间将龙拜为司雨之神，每遇旱年，人们都要进龙王庙拜老龙王，以求下雨。即便风调雨顺时，人们也要祭祀龙王，以求消灾躲祸。

封建帝王为了借助龙威显示自己的权威，便将"龙"作为皇家专用。

知识链接

盖棺定论

盖棺，即合上棺材，指人的死亡。该成语指一个人的功过是非，只有在死后才能得出最终的结论。

对于军机处的设立时间，学术界一直都存在争议，有人认为是雍正七年设立的，有人则认为应是雍正八年设立的，关于这一点目前仍然未能盖棺定论。之所以会出现这样的争议，很重要的一个原因是，对于记载中所提及的一些称谓，如军需房、军机房、军机处等，学者们对这些称谓之间的联系看法不一。

不管具体时间如何，我们知道军机处一开始创办的初衷，是为了让雍正帝更方便地处理用兵军需方面的事务。

当时，雍正帝正准备对准噶尔部用兵，就顺水推舟地设立了这样一个机构来为自己所用。

一开始，这只是一个设立在户部的临时办公机构，以怡亲王胤祥、大学士张廷玉以及户部尚书蒋廷锡为总管，司官翁藻负责处理具体工作。后来，随着战事的吃紧，雍正帝需要处理的事情越来越多，于是干脆把军机处的办公地点搬去了紫禁城内乾清门的西侧，这个机构的名称也从简单的"军需房"改为了"办理军机事务处"，也就是我们所称的"军机处"。

军机处建立之初，条件是非常艰苦的，就连"办公室"也不过就是几间板屋，采光也非常差，但就是这样一个条件差到不行的部门，最终却成了大清王朝的权力中心。

而在人员设置方面，军机处一直都秉承着"大小无专官"的信条，成员只有军机大臣和军机章京两种头衔。

军机大臣俗称"大军机",通常是皇帝从满汉大学士、尚书、侍郎和京堂等官员里直接挑选出来的,成员数目没有固定名额,少的时候只有四五人,最多的时候有十一人。军机章京俗称"小军机",一开始是由军机大臣从内阁满汉侍读、

中书,以及各部郎中、员外郎和主事中挑选出来的,人数同样没有定额。后来到了嘉庆年间,军机章京就改为通过考试选拔了。

在军机处中,军机大臣之间是没有等级差别的,但毕竟每个人的资历、年龄和入职时间都有所不同,尤其是受皇帝重视的程度不同,因此地位实际上也是有上下之分的。

军机章京地位虽然比军机大臣低,但从体制上来说,双方之间也是没有隶属关系的。

虽然军机处在很长一段时间里都没有被列入朝廷的正式衙门,但地位非常特殊,因为它所承担的职责是非同一般的。

比如军机大臣的主要工作,就是负责为皇帝撰拟和发布上谕,协助皇帝处理大臣的奏折,并且随时等候皇帝的召见,甚至参与重要官员的选拔,根据皇帝的需求参与商议政事或者审理重要案件等。军机章京的工作则主要是负责缮写谕旨、记载档案,以及查核奏议等。

军机处对于雍正帝来说绝对是掌控朝政、集中皇权的好"工具",然而在雍正帝去世之后,地位特殊的"宠儿"军机处却遭遇了重大的挫折。

> **知识链接**
>
> **衙门**
>
> 过去称政府的办事场所为衙门,其实衙门是从"牙门"转变的。
>
> 古代经常打仗,皇帝能统一天下、坐稳江山,靠的就是强大的武力。因此,皇帝十分重视军事将领。将领也以能征善战为荣,他们喜欢把猛兽的爪、牙放在办公的地方。后来觉得麻烦,就在军营外用木头刻成大型兽牙,后来还发明了在旗杆上装饰兽牙、把旗边裁成齿形的牙旗。"牙门"便成了军旅营门的代称。

▶ 军机处

生机勃勃的王朝 | 大事听皇帝的

雍正帝驾崩之后，继位的乾隆帝把军机处裁撤了，改为设立了一个"总理事务处"。为什么突然要把军机处裁撤了呢？乾隆帝给出的解释是：如今西北二路已经没事了，苗疆方面的事务也不多，既然大小事件都是交给总理事务大臣去处理的，那么军机事务和苗疆事务也顺便交给他们去兼办就是了。

很显然，对于是否要继承由雍正帝一手打造起来的军机处，乾隆帝始终是心存疑虑的，甚至可能存在一些抵触。但事实证明，他确实需要这样一个机构。因此，在裁撤军机处两年之后，乾隆帝又下令恢复了这一机构，他表示："目前西北两路军务尚未全竣，且朕日理万机，亦间有特旨交出之事，仍须就近承办。"

不管军机处被赋予了多么特殊的地位，或者多么大的权力，有一个事实是不容忽略的，那就是它始终是掌握在皇帝手里的一个"工具"，与皇权的高度强化趋势密不可分。

就像乾隆帝曾一再强调过的："我朝家法相承，乾纲独断。"乾纲独断，便意味着皇权至上，既然皇权至上，那么军机处自然也只不过是皇帝旨意的一个传达机构罢了。毕竟在那样一个帝制社会，一切大事，都是皇帝说了算！

闯关小测试

1. 清朝初年，夺取董鄂妃的性命的传染病是（ ）
   A. 疟疾　　B. 天花　　C. 鼠疫

2. 康熙即位前，渐渐成为四大辅臣之首的是（ ）
   A. 鳌拜　　B. 遏必隆　　C. 苏克萨哈

3. 军机处是（ ）设立的。
   A. 顺治　　B. 康熙　　C. 雍正

参考答案：1.B 2.A 3.C

最后的盛世

康熙和雍正两位明君所开创的盛世，取得了社会稳定、百姓安居乐业的效果。正是因为国家稳定、人民富足，人们才开始将越来越多的精力投入到文化与艺术创作上来。在这一段时间里，民间文化与艺术蓬勃发展，创作出了大量流芳千古的佳作、巨作。

 ## 民族大统一

在明末清初时期，蒙古族分为漠南蒙古、漠北喀尔喀蒙古和漠西厄鲁特蒙古三个大部。其中，准噶尔部正是属于厄鲁特蒙古的一个部族，也是厄鲁特蒙古实力最强的部族。在野心勃勃的噶尔丹执政时期，准噶尔部的扩张非常迅速，那个时候，俄国的势力也在疯狂膨胀，为了侵占中国西北部的领土，俄国人不断地挑唆噶尔丹叛乱，支持他进攻喀尔喀蒙古，妄图在挑起战争之后从中渔利。

1688年，在噶尔丹率领的准噶尔部进攻下，喀尔喀蒙古的几个首领仓皇败逃，并急急忙忙地向清

> **知识链接**
>
> **蒙古族**
>
> 蒙古族属于东北亚主要民族之一，活动范围主要是外蒙古、俄罗斯联邦，以及中国的内蒙古自治区和新疆维吾尔自治区及临近省份。蒙古族有自己的语言文字。

最后的盛世 | 民族大统一

廷求援。收到消息之后，康熙帝立即勒令噶尔丹停止战争。但此时的噶尔丹早已被胜利冲昏头脑，根本不把这个大清的皇帝放在眼里，不仅没有停止战争的打算，反而变本加厉，继续南下，侵入了乌珠穆沁境内。康熙帝非常愤怒，于1690年御驾亲征，并率军在乌兰布通一带堵截噶尔丹，将准噶尔部打得落荒而逃。

战败并未抑制住噶尔丹膨胀的野心，他断然拒绝了清廷的招抚，并于1695年再次率部大举进犯。次年，康熙帝再次御驾亲征，又一次打败准噶尔部，给了噶尔丹沉重的一击。

噶尔丹数次一意孤行的开战举动惹怒了不少人，就在噶尔丹忙着对付"自己人"发动的叛乱时，康熙帝再一次御驾亲征。这一次，已经众叛亲离的噶尔丹再没有任何退路，只能选择自杀。

战争总是残酷的，很多鲜活的生命自此消亡。无论过去还是现在，都要珍爱和平

在噶尔丹死后，接替他的新首领是策妄阿拉布坦，这人是个"亲俄派"，上位之后就立刻和俄国勾结上，并在俄国人的支持下开始不断袭击清军驻守的军事重镇，给康熙帝添了不少麻烦。

一直到康熙帝去世，准噶尔部的问题也没有得到彻底解决，新上任的雍正帝扛起了继续剿灭准噶尔部的大旗。一直到1732年，被清军打得落花流水的准噶尔部才在光显寺被迫投降。此时准噶尔的首领是策妄阿拉布坦的儿子噶尔丹策零，他也是个极有野心，并且也非常不安分的人，即便在投降之后也并没有真的打算偏安一隅。

▼ 清朝皇帝的帽子

1745年，一直不安分的噶尔丹策零死了，准噶尔内部发生了严重内乱，达瓦齐趁势上位，成为准噶尔的新首领。1755年，乾隆帝终于下令，以五万精兵直捣伊犁，清剿准噶尔部反叛势力。一直到1757年春，清廷才彻底肃清了准噶尔的叛乱势力。至此，西陲边疆终于迎来了长久的安宁，而清军也在这个过程中受益匪浅，积累了丰富的远途作战经验。

除了准噶尔部之外，厄鲁特蒙古的和硕特部贵族罗卜藏丹津也是个不安分的"野心家"。

和硕特部是厄鲁特蒙古的四部之一，其势力又分为三支，分布于西藏、河套及青海。在准噶尔叛乱之后，河套地区的和硕特部势力被击溃，西藏地区的势力后因首领拉藏汗被杀，也基本上解体了，青海地区的势力则接受清朝的招抚，正式成为了清朝的藩属。罗卜藏丹津就是青海和硕特部最显赫的贵族。

知识链接

偏安一隅

"偏安"指苟且偷生；"隅"指角落。偏安一隅即在仅剩的小角落里苟且偷生，指中央王朝失去了对全国的统治能力，在很小的范围内苟且偷生。

罗卜藏丹津是个非常有政治野心的人，并不甘心只做一个清朝藩属的地方贵族，而是一心想要统一和硕特部。于是在康熙帝驾崩、雍正帝刚即位的权力交接当口，罗卜藏丹津在青海公开发动了叛乱。

雍正帝收到罗卜藏丹津叛乱的消息后，当即就拍板，决定以武力来解决青海问题，并令年羹尧大将军进驻西宁，全权指挥平叛大军。在清军猛烈的攻势下，罗卜藏丹津节节败退，走投无路之下只得上书朝廷，试图为自己的叛变开脱。雍

正帝置之不理,依旧下令要将叛军势力全部清剿。

罗卜藏丹津的这场叛乱前后持续还不到一年,也就七八个月的样子。在这场叛乱平定之后,雍正帝采纳年羹尧的建议,对青海地区的政治、经济、文化都进行了整顿,尤其针对支持罗卜藏丹津叛乱的喇嘛教寺院进行了全面整治,并将当地影响较大的寺院都严密控制起来,从而稳固了清政府对青海地区的统治。

此前说过,在1755年的时候,乾隆帝彻底肃清了准噶尔的反叛势力,也就是在那个时候,清军顺便释放了被准噶尔囚禁的大、小和卓。和卓是波斯语的汉语音译,意思是"圣裔"。大、小和卓指的是中国西北地区历史上两位非常有名的伊斯兰教领袖,波罗尼都和霍集占,他们都是伊斯兰教白山派的后裔。

重获自由之后,大、小和卓就投降了清朝,大和卓波罗尼都被派遣到喀什噶尔、叶尔羌等地进行招抚工作,小和卓霍集占则继续留在伊犁稳定局面。可没想到的是,在清廷以为大局已定,陆续撤回西征军的时候,大、小和卓却突然举兵叛乱了。乾隆帝非常生气,立刻发兵前往库车、叶尔羌、和阗等地征讨大、小和卓。

1759年,大、小和卓不敌清军,兵败西逃,最后死在了巴达克山的首领素勒坦沙手中,大、小和卓的叛乱终于画下句号。在这件事结束之后,乾隆帝立即下令将维吾尔人原有的伯克制进行了改革,并以伊犁为"根据地",逐渐确立了新的"军府制"。

▲ 年羹尧

年羹尧是清朝著名将领,原籍凤阳府怀远县(今安徽怀远),官至抚远大将军,被加封为太保、一等公,一时官位显赫。

年羹尧善于指挥作战,在平定西藏乱事、平息青海罗卜藏丹津等战争中贡献突出,为清朝立下了赫赫战功。

1724年年羹尧返京时,受到雍正的格外恩宠,因此愈加飞扬跋扈。但第二年,雍正帝便对他削官夺爵,列出92条大罪,在1726年赐他自尽。

平定大、小和卓的叛乱，标志着清朝完成了中国的民族大统一，这是乾隆帝的重要功绩之一。平定这一次叛乱后，天山南路重新纳入了中国版图，清朝的疆域也走向了极盛时期，将清朝的盛世功勋一步步推向了顶峰。

古代最后一个盛世

从1681年康熙帝平定三藩之乱开始，到1796年，川陕楚白莲教起义爆发，这长达115年的时间，被一些历史学家们称为"康乾盛世"，这是中国古代历史上的最后一个盛世。很多人认为，在这一时期，中国的政治、经济、文化等方面，都达到了一个顶峰，创造了中国历史的"奇迹"。

然而，"康乾盛世"这一称谓如今在学术界依然存在争议。有的学者认为，虽然在那一时期中国的人口和粮食产量都呈现出快速增长的态势，但与同时期的西方国家相比较，无论是科学技术、生产力、军事实力、文化事业及政治制度，都处于一种停滞不前，甚至是落后于时代的态势，因此，所谓的"康乾盛世"根本就是名不副实的。

那么，那个古代的最后一个"盛世"，真面目究竟是怎样的呢？它是否真的当得起"盛世"两个字？

▲ 棉花

魏晋南北朝时期已经引入棉花,但直到明朝由朱元璋强制推行,棉花种植才在全国推广。中国人的被褥原本使用的是木棉,后来才改成棉花。棉花有效抵御了寒冷,"此花一开天下暖"是对棉花最大的褒奖。

▲ 玉米

我国引进玉米已将近500年。玉米的产量高、品质好,能适应各种土质,因此推广很快,播种面积约为3亿亩,仅次于稻、麦,是我国第三大粮食作物。

▲ 番薯

明朝后期,番薯引入中国,具有很强的适应性,而且产量也特别高,史称"一亩数十石,胜种谷二十倍"。清朝的人口最多时能达到四亿,这与番薯的广泛种植有很大的关系。

我们先来看疆域。在中国历史上,国家统一可以说是一个"盛世"的至高无上的基本原则。清朝在疆域问题上,最难解决的问题就是边疆少数民族政权与中央政府之间的关系,从康熙帝到乾隆帝,准噶尔、和硕特部贵族、大小和卓等叛乱问题层出不穷。一直到乾隆二十四年,即1759年,清朝的疆域问题才算是基本解决。因此不少人认为,这标志着"康乾盛世"发展到了繁荣的顶峰。然而事实上,在这所谓的"鼎盛"时期,清朝却已经因为频发的战争把国库都给耗光了,为日后巨大的财政黑洞埋下了危机。

再说农业。农业种植技术在那一时期的确有很大的提高,此外,专门从事蔬菜种植的农民也大幅增多,到乾隆年间,棉花种植也得到了广泛的普及和推广,还引进并推广了不少国外的农作物,比如美洲植物玉米和番薯等。

农业的发展直接推动了人口的增长。康乾时期之所以被冠以"盛世"之名,很大一部分原因就是人口的增长。据相关资料显示,在康乾时期,中国的人口从1亿猛增到了3亿之多,但这种爆炸式的人口增长也影响了中国工业化的发展进程。

工业是康乾时期制约中国社会发展最关键的因素之一。在这一时期,中国的工业水平几乎没有任何进展,尤其是当西方国家在经历翻天覆地的工业革命的时候,中国却在闭关锁国中停滞不前,错过了与西方国家比肩的大好机会。

众所周知,宋朝时候的工商业发展是非常繁荣的，明朝在此基础上也有了进一步的发展，铁的产量达到了北宋时期的两倍，即便是在世界范围内，明朝的工业水平都是遥遥领先的。但在康乾时期，虽然人口呈爆炸式增长，但工业产量却甚至达不到明朝末期的水平。可以说，在工业方面，不管是从质还是从量来看，康乾时期都呈现出一种极其萎靡颓废的势态。

康乾时期的学术文化也呈现出一派凋敝之势，清朝对民间舆论的控制非常严厉，甚至称得上是严酷，不仅制造了数百起的文字狱，牵连无数知识分子，乾隆帝在修《四库全书》的过程中还毁去了不少珍贵的典籍，这对中国文化的传承来说是一场惨重的打击。

吏治的腐败也是埋藏在繁华表象下的可怕阴影。"三年清知府，十万雪花银"，这样的现象比比皆是，然而清朝的统治者们对于贪腐问题却似乎并不是那么重视。比如在康熙帝时期，宰相明珠、索额图等人所贪污的钱财甚至比号称"明朝第一贪官"的严嵩要多出数十倍，但康熙帝却始终采取一种视而不见的态度；在雍正帝时期，虽然对贪腐问题表面上采取高压政策，但实际上，在暗地里由贪污所导致的各种科场舞弊事件也始终层出不穷；等到了乾隆帝统治中期，局势就更加混乱了。

康乾时期，最令人痛心疾首的就是清廷"闭关自守"的决策。正是在中国自诩为天朝上国、大行闭关锁国政策的时候，国际环境发生了前所未有的

> **知识链接**
>
> **闭关锁国**
>
> 　　闭关锁国指国家为了防范外敌而采取的闭关自守，禁止与外界接触的国家政策，是很典型的孤立主义。
>
> 　　闭关锁国严重限制了对外国经济、文化等方面的学习，使中国的综合国力逐渐落后于西方国家。
>
> **白莲教**
>
> 　　白莲教是自南宋开始在民间流传的秘密宗教结社。
>
> 　　白莲教起源于佛教的净土宗，相传净土宗始祖曾与好友结社以共同念佛，后来人们在社边种一池白莲，所以称为白莲社，并渐渐演化成为白莲教。
>
> 　　元明时期，白莲教多次率领农民起义。到了清朝初年，白莲教又成为反清的秘密组织，清政府对其进行严厉镇压。但是愈演愈烈，嘉庆元年（1796年），白莲教大起义成为嘉庆年间最大规模的农民起义。

变化：工业革命、启蒙运动、资产阶级革命。欧洲列强凭借着一次次的变革，奔跑到了时代发展的前沿，力图按照自己的意志重新改造世界。

而这个时候的清朝依旧沉浸在天朝上国的美梦之中，闭关锁国，对外界的一切都浑然不知。尽管康熙帝曾兴致勃勃地向西方传教士学习天文、数学、医学等方面的知识，尽管乾隆帝和他的儿子们对西洋的军舰产生过浓厚的兴趣，尽管他们都任用过洋人为官，但没有任何一位皇帝真正地正视过西方的发展所带来的压力和危机。

中国的落后并非始于清朝，但不得不说，清朝统治者闭关锁国的政策，在一定程度上加速了中国落后于世界的进程。

也难怪1793年英国使者马戛尔尼踏上中国的土地时，会将清朝比喻为"一艘破烂不堪的头等战舰"，并大言不惭地宣称"英国将比任何其他国家得到更多的好处"。

而事实也证明，在"康乾盛世"结束不到半个世纪，将中国打入黑暗深渊的鸦片战争就爆发了。

"康乾盛世"是一曲表面繁荣的盛世华章，无处不彰显虚假的繁华，也无处不隐藏颓靡崩溃的危机。有人说它是历史的黄金时代，也有人认为它是历史的黑暗时代，不管它将怎样被定义，至少从这一段历史中我们看到，中华民族想要走向复兴，就必须打破封建传统，跟上世界的脚步，寻求一条全新的发展道路。

▲《四库全书》内文

知识链接

启蒙运动

17至18世纪，西方资产阶级和人民大众举行了一场反封建、反教会的思想文化运动，史称启蒙运动。

启蒙运动的核心思想是"理性崇拜"，是文艺复兴后又一次反封建的思想解放运动，对封建专制主义、宗教愚昧及特权主义进行了有力的批判，宣传了自由、民主和平等的思想。

乾隆下江南

乾隆帝有一个爱好——下江南。在执政的六十余年间，他先后下了六次江南，这大概是他一生中最引人注目和津津乐道的故事之一了。直至现在，不少影视剧都会特意提及他的这一爱好，为他每一次的江南之旅编纂出许多真真假假的故事。

在六次南巡中，乾隆帝前四次都是带着皇太后、皇后及一众妃嫔浩浩荡荡去的，加上随同前往的王公大臣、章京侍卫官员等，堪称当时最大的"旅游团"了。这么多的权贵一起出去"旅游"，是非常劳师动众的，尤其乾隆帝这个人向来喜欢享受，从小也没有经历过什么穷苦日子，可想而知这样出去"旅游"一趟有多么劳民伤财。

据说每次南巡，光是巡幸的船就得有一千多艘，为了保证出巡安全，并且让乾隆帝满意而归，每次南巡之前，都会有专门的官员做一套详尽的计划，还要提前派人去勘察道路、修桥铺路等。此外，根据乾隆帝出行的时间，还得预先让往来的船只和百姓回避，安排士兵守卫。沿途所经过的地方，还要求文武官员在三十里外就得穿朝服接驾，排场搞得相当壮观。

乾隆帝为什么偏偏对江南如此有兴趣，非得耗费如此巨大的人力物力组织南巡活动呢？只是单纯

▲ 《忆江南》·白居易

江南忆，最忆是杭州；山寺月中寻桂子，郡亭枕上看潮头。何日更重游？

江南忆，其次忆吴宫；吴酒一杯春竹叶，吴娃双舞醉芙蓉。早晚复相逢？

知识链接

江南

江南原是过去的吴越之地，后来战乱频繁，中原的汉人大量南迁，使江南成为一片富饶之地，流传着很多才子佳人的故事。

为了"旅游"吗？还是有其他不为人知的目的？

有人认为，乾隆帝下江南其实就是去旅游的，没有多复杂的目的。首先他下江南六次，其中四次都是拖家带口，浩浩荡荡，俨然就是组织了一场旅游，实在不像有事要办的样子。而且，只要详细看一下乾隆帝六次下江南的路线，就会发现他每次都是沿运河而下，经扬州、镇江、常州、苏州，然后抵达杭州，之后再绕道江宁，这条路线贯穿的都是江南最富裕的地方，完完全全就是一条旅游观光路线。此外，在结束第四次南巡活动之后，乾隆帝还对一些大臣感叹过，说太后年纪大了，到江浙的话路程太远，住宿又麻烦，不适合颐养天年。从这一感叹就能看出，对于乾隆帝来说，皇太后参加南巡活动是颐养天年，这和组织家庭旅游似乎没什么不同。

或许有人觉得，如果单纯是为了旅游就这样劳民伤财，似乎有些不可理喻，

龙舟的豪华程度远远超过了一般百姓的想象。统治者太过于追求享乐，就埋下了衰败的伏笔

因此民间也有一些传说，认为乾隆帝屡次到江南，真正的目的是探查清楚自己的身世。还有人猜测，说他每次到了杭州之后就回转，其实是因为他真正想去的地方是海宁。有的人甚至还煞有介事地透露，说自从第三次南巡开始，乾隆帝其实每次都会去海宁陈元龙的儿子陈邦直家里住，然后询问自己的家世问题。

之所以有这样奇特的猜测，是因为有传闻说乾隆帝的生母实际上是海宁陈氏，当初雍亲王生下的其实是个女儿，为了一些政治利益方面的考量，就和海宁陈氏的儿子调换了一下，这个调换来的儿子就是后来的乾隆帝。这样的说法因为极具戏剧性而被百姓津津乐道，但可信度却是非常低的，与史实也有很大出入。

最后的盛世 | 乾隆下江南

现在最普遍的一种观点则认为，乾隆帝热衷于下江南，未必就是为了某一个单一的目的，他的想法可能是比较复杂的。游览名胜、旅游观光固然是一点，另外，考察社会经济，了解江南地区的军事、政治、河务及海防等情况同样也是南巡的目的。简单来说，就是边玩边做事，两边都不耽误。

乾隆帝爱玩，但在政事方面倒也不含糊，从每次南巡的情况来看，除了游玩之外，乾隆帝确实也在留心社会情况。比如他曾在南巡的过程中免除了江苏和安徽等省积欠的钱粮数千万两。对于文教事业乾隆帝也较为关注，曾特命官员增加了江浙地区府州县学的岁试文童的录取名额。为了维系民心，乾隆帝还常常在南巡中查访吏治民情，顺便查办几个嚣张跋扈的贪官污吏。

且不论乾隆帝的南巡活动究竟有多少效果，但每一次南巡的劳民伤财程度却是毋庸置疑的。乾隆帝的爷爷康熙帝其实也喜欢搞南巡活动，但是康熙帝的南巡多是微服出巡，低调不扰民。乾隆帝的南巡则绝对是"华服出巡"，恨不得弄得一路上人尽皆知。据统计，乾隆帝六次下江南，前后的总花费高达2000多万两。那个时候，清朝举国上下一年的财政收入也不过5000万两罢了，可见乾隆帝南巡的举动是有多么"败家"。

客观来说，乾隆帝南巡中，在治理水患和笼络人心方面做得还算不错，但好大喜功的他却特别看重排场，表面上说着不要打扰百姓，但私下里又希望处处都受到优待和尊敬,要是有官员真的抑制了百姓的"迎驾"行为,反而会因此惹怒乾隆帝而被借故调离。

在晚年时,乾隆帝其实也进行过自我检讨,他说:"朕临御六十年,并无失德;惟六次南巡,劳民伤财,作无益,害有益!将来皇帝如南巡而汝不阻止,必无以对朕。"从乾隆帝的这一"自我总结"中就能看出,他确实是个好大喜功、自视甚高的人,虽是检讨,但实际上却还是侧重于强调自己"六十年无失德"。

乾隆帝后期是清王朝由盛转衰的关键转折点,这种转变与乾隆帝好大喜功的性格特点不无关系。

> **知识链接**
>
> **孝顺的乾隆**
>
> 　　乾隆即位后,对他的母亲崇庆皇太后极为孝顺。
>
> 　　有次,皇太后偶然提到顺天府的东侧有座废寺该重修。乾隆便立刻派人去修,并警告宫里人要提前发现问题,不要让太后自己劳神费心。乾隆帝在位期间曾多次巡游全国各地,都请太后同行。
>
> 　　乾隆平时陪伴在太后身边,遇到重大节日必定率领大臣进行庆贺,特别是太后的八十大寿庆典时,当时已六十岁的乾隆身穿彩衣,手舞足蹈,讨太后欢心。乾隆让太后享尽了"福、禄、寿"。
>
> 　　崇庆皇太后的寿数在清朝的皇太后中是最高的,在中国所有的皇太后中也很少见。

《四库全书》

乾隆帝在位期间,在文化方面干过一件大事,那就是下令编修了《四库全书》。

《四库全书》可以称得上是中国有史以来内容最多、规模最大的丛书了,比明成祖时期的《永乐大典》内容还要丰富得多,包括经、史、子、集四部,故而称作"四库全书"。

乾隆帝之所以会兴起这样的念头,和明朝的《永乐大典》还真有些关系。1772年的时候,一位安徽的官员向乾隆帝建议,说为了适应时代的需求,应当及时更新一些古书的内容,比如明成祖时期编著而成的《永乐大典》。乾隆帝一听，心思就活起来了，既然这《永乐大典》已经不符合时代发展的需求，那么与其浪费时间和精力去给它"补漏"，我们为什么不干脆自己编修一部内容更全、更丰富的呢？

兴起这一念头之后，乾隆帝赶紧着手安排，把著名学者纪昀也给找来做了这一工程的总负责人。纪昀就是在很多影视剧中都十分有名的纪晓岚，但历史上的纪昀和影视剧中那个智斗和珅的纪昀不同，他更像一名学者，主要是负责学术工作的，比如编辑、修书等。

▲ 纪昀

纪昀，字晓岚，清朝著名的政治家、文学家，乾隆年间官员，曾任兵部、礼部尚书、协办大学士加太子太保管国子监事致仕，《四库全书》总纂修官。

乾隆帝的目标是要编纂出比《永乐大典》更胜一筹的书，为了做好这件事，参与编书的官员们不仅要参考宫廷里原本就存有的书籍，还得深入民间，广泛地搜寻藏书，尤其是那些珍贵难找的孤本和资料。要知道，那个时代和现在不一样，现在要"复制"一本图书是非常容易的，放到印刷机里，三两下就能印出一堆。在那个时代，你想"复制"一本书，大多还得用手一个字一个字去抄，可想而知这是多大的工作量。正因为书本资源的宝贵，所以很多人都不舍得把自己的书奉献出来，尤其是那些珍贵的手抄本。所以，光是在搜寻资料阶段，参与编书的官员们就遇到了不少阻碍，整整耗费了漫长的7年时间，才算是初步完成了这项准备工作。

资料搜集完毕之后，下一步自然就要进入审查编选的阶段了，这是一项极其耗时耗力的工作，你得把搜集到的成千上万的书都给看一遍，然后从中淘汰一部分不恰当的，再把需要的进行分类规整。做完这些事情之后，还得组织人来进行抄写。这无疑是一项极其巨大的文字工程，为了完成这些工作，乾隆帝干脆把那些写字不错的落榜文士都给组织起来，让他们负责抄写。

内容丰富的《四库全书》前后历经了近十年才完成，一共收录古籍3503种，79337卷，全书一共大约有8亿字，装订成了3.6万余册。根据其类别的不同，这些书被按照经、史、子、集，用四种不同的颜色装饰。由于书的内容和种类实在太过繁多，所以为了方便人们查阅，朝廷又专门编辑了一部《四库全书总目》，通过这本总目，人们就可以很快找寻到自己需要的书本了。

那么，耗费如此巨大的人力物力所编修出来的《四库全书》是不是很有价值呢？

最后的盛世 《四库全书》

单从文化价值上来看，《四库全书》自然有着自己的珍贵之处。乾隆帝一开始要修《四库全书》，目的就是要超过《永乐大典》，而他确实也做到了。单从《四库全书》收录的书籍和涵盖的内容上看，就要远远胜过从前的《永乐大典》，单总目录就整整做了有20卷，可见其收录内容之庞大，称得上是中国古代文化的"宝库"。

但需要注意的是，即便《四库全书》收录内容广泛，却也有许多不足。负责修《四库全书》的都是身在朝堂的文官，而这些文官基本上都是科举出身的，我们知道，古代科举考的都是儒家学派的内容，这就导致修《四库全书》的人着重的基本上都在儒学方面，对于其他学派自然不够重视。

此外，《四库全书》的风格比较"严肃"，所收录的作品也基本上是一些内容方正严肃的经典著作，完全忽略了普通大众更为喜爱的诸如戏剧、章回小说等类别的文学作品。而且，编撰者对大部分科技著作方面的知识显然并不重视，除了医学、农学和天文学等门类之外，其他的科技书籍根本不在收录行列。尤其是许多西方流传进来的科学技术，更是被视为异端邪说，根本没有进入《四库全书》的资格。

可见，从某个角度上来看，《四库全书》是比较死板的，虽然它在内容涵盖面上比《永乐大典》要全面得多，但它也依然没有跟上时代的潮流，反而呈现出了清王朝保守、落后的一面。

知识链接

抄书人

科技改变人的生活。雕版印刷术发明之前，人们只能依靠抄书人逐字抄写原书，在当时，字体俊秀的抄书人很受欢迎。

到了唐朝中期，雕版印刷术被广为推行，大大提高了书籍复制率，抄书人的生存空间越来越小，最后不得不转行，抄书这个行业从此消失。

《阅微草堂笔记》

《阅微草堂笔记》是纪昀用笔记的形式编写的短篇志怪小说。

该书的文风较为质朴，曾经与《红楼梦》《聊斋志异》享有同样的美誉。

另一方面，在修《四库全书》的时候，是有严格的审查制度的，也就是说，负责编选的官员会根据朝廷的政治标准来篡改或删减收录书籍文章的内容。如果只是这样倒也无妨，但可恶的是，借着这个由头，朝廷一方面哄骗着藏书家们把自己收藏的书籍文献拿出来，一方面则干脆搞了一次"文化大清扫"，把那些不符合朝廷政治要求的"禁书""反书"都给一把火烧了。

据不完全统计，在这个过程中，被销毁的古书数量多达三千余种，有六七万卷之多，尤其许多珍贵的孤本资料，都在这一次的查禁中被彻底毁掉了。

从体量上来看，朝廷所焚毁的书籍，几乎相当于一整个《四库全书》。因此，乾隆帝修《四库全书》这一文化创举，在后世的评价中一直是毁誉参半的。

▲ 京剧

从1790年开始，南方的三庆、四喜、春台、和春等四大徽班陆续进京表演，他们与全国各地的艺人合作，并接受了昆曲、秦腔的艺术手法，通过长期的交流、融合，最后形成了京剧。

京剧以崭新的形式在宫廷内迅速传播，到了民国时期，京剧空前繁荣。

知识链接

孤本

孤本原指某书刊在世间流传的最后一本，也指仅存的一份尚未出版的手稿或原物已经丢失的仅存的复印件。

不准乱说话！

在没有舆论自由的时代，乱说话是会被杀头的！文字狱就是因为乱说话引起的。

孟子曾说："得天下有道，得其民，斯得天下矣。得其民有道，得其心，斯得民矣。得其心有道，所欲与之聚之，所恶勿施，尔也。"意思就是说，你想要得到天下，就要获得民众的支持。你想要获得民众的支持，就得得到民心。你想要得民心，那就把民众需要的给他们，民众反对的不要给他们。

很多帝王都记住了前两句，却唯独把最后这句给忽略了。于是，不管在哪一个朝代，为了"得民心"，占据舆论上的有利地位，很多帝王都会或多或少采取一些强硬手段来控制民间的舆论导向，令人闻风丧胆的文字狱就是这样兴起的。

不管在哪一个朝代，几乎都兴起过文字狱，只不过范围有大有小，程度有轻有重罢了。比如大名鼎鼎的苏东坡就曾遭到过文字狱的迫害，当时他的政治对手捕风捉影地告发他，说他的诗里有对皇帝不敬的意思，结果导致苏东坡被直接贬谪出京城，去偏远地方做小官了。

苏东坡的遭遇还算是轻的，严重的文字狱不仅波及范围广，而且动不动就可能被抄家灭族，尤其是在清朝，文字狱的恐怖更是发展到了极致。

清朝的文字狱到底有多严重呢？据统计，顺治帝统治时期有7次文字狱，康熙帝统治时期则有20多次，雍正帝统治时期也有20多次，等到乾隆帝统治时期则前后爆发130多次。可谓是愈演愈烈。

顺治帝和康熙帝时期爆发的文字狱总体来说，还是能和"反清"扯上一点关系的。比如顺治帝时期的一次文字狱就是由一个名叫函可的广东和尚引起的，他当时身上带着一本记录抗清志士悲壮故事的书籍，

▲ 乾隆其人其诗

乾隆喜欢舞文弄墨，酷爱写诗作赋，并以此为荣，但乾隆去世后，他的诗词反倒成了笑柄。

乾隆写诗不求质量，只求速度。他的诗作数量惊人，据不完全统计，他共写了四万三千多首。这到底有多少呢？唐朝被公认为是诗歌发展的最高峰，《全唐诗》作为唐朝诗歌的精华，收录的诗刚刚超过四万首，被乾隆一人轻松超越。但是，乾隆诗的数量虽多，质量却非常一般。

▲ 苏轼

苏轼，字东坡，在文、诗、词方面都有很高的造诣，称得上是宋代文学最高成就的代表。

苏轼不拘泥于文学，他广泛涉足书法、绘画等领域，也取得了较大成就，对医药、烹饪、水利等学科的发展都有贡献。

知识链接

清代的文字狱

文字狱在清朝最为严酷。清朝皇帝大兴文字狱，就是要压制汉人的民族意识，树立清朝的权威，以加强中央集权。

文字狱是典型的文化专制政策，造成了社会恐怖，禁锢了知识分子的思想，摧残了人才，对中国社会的发展和进步产生了不利的影响。

然后被抓了，因此被治了罪。那个时候明朝刚刚灭亡，而这本书也确实称得上是本"反书"，还可不算冤枉。

康熙帝时期的文字狱就已经开始发展到连打擦边球都比较危险的地步了。比如有人因为编写《明史》而获罪，也有人因为感叹了几句怀念明朝的话而获罪。有一个名叫黄培的明朝军官，在明朝灭亡之后一直暗地里支持农民起义军，他的一首诗里有这样两句："一自蕉符纷海上，更无日月照山东。"有人抓住这一点，说"日""月"在一起就是"明"，他在怀念明朝，于是黄培掉了脑袋。但不管怎么说，他也的的确确干了"反清"的事。

到雍正帝统治时期，文字狱迎来了一个不理智的"小高潮"。

曾为清朝立下过汗马功劳的汉军镶黄旗大将年羹尧，因为在给皇帝上书的时候，字迹潦草写错一个成语，结果被雍正帝认为这是他大不敬的表现。后来再加上一些鸡毛蒜皮的小事，雍正帝硬生生给年羹尧折腾出了许多"大罪"，把他逼得自杀了，还牵连了不少和他关系密切的人。

一个名叫徐骏的官员也是文字狱的直接受害者，他算是比较无辜的。他的获罪导火索是因为在给雍正帝上书的时候，一不留神把"陛下"二字错写成了"狴下"。雍正帝勃然大怒，这是在暗讽皇帝是禽兽？！然后徐骏就被革职调查了。结果在调查中，他曾经写过的一些疑似有"反意"的诗词也被翻了出来,其中有一句很出名:"清风不识字,何故乱翻书。"一看,这肯定是在讽刺"清朝统治者没有文化",完蛋了。还有另外两句:"明月有情还顾我,清风无意不留人。"这回好了,有"明"还有"清",一个"还顾我",一个"不留人",明显的"反动罪证"啊!徐骏就因为这些事被砍了头。

或许是雍正帝时期的文字狱太令人胆寒,所以乾隆帝在刚刚登基的时候,为了安抚人心,还特意摆出一副"我很大度"的样子,不仅平反了几起因文字狱而获罪的案子,还下令以后不许再诬告别人,否则按诬告罪论处。

这种"好日子"没持续多久,乾隆帝的"大度"面孔就装不下去了,事情还要从民间流传的一个手抄本说起。那个手抄本据说是一篇奏稿,上面列出了"五不解"和"十大过",矛头直指乾隆帝,诉说的都是对当下政治生活的不满。

众所周知,乾隆帝这个人自视甚高,一直觉得自己特别完美,甚至还号称自己是"十全老人"。所以一看这手抄本,乾隆帝就勃然大怒了,必须查!还得透透彻彻地查!结果这一查,把伪造手抄本的、保存手抄本、传播手抄本的统统都给抓了出来,一下子牵连了成百上千人。

这事发生后,乾隆帝就开始琢磨,一定是因为自己过去太宽容仁厚了,所以才纵容那些居心叵测的人传出这样的"诽谤"。于是,痛定思痛的结果就是,乾隆帝决定一改"宽容大度"的作

> **知识链接**
>
> **陛与狴**
>
> 陛,原指可以登高望远的台阶,后来特指帝王宫殿的台阶。大臣和天子谈话,不能直呼天子,而是让陛下面的侍者传话,久而久之,"陛下"就成了天子的尊称。
>
> 狴,指的是传说中龙生九子中的一个。
>
> 陛与狴虽然外形相似,但意义完全不相干。

风，沿用祖宗传下来的方法，严厉镇压并把控民间舆论。

乾隆帝的"矫枉过正"把文字狱推向了另一个"高峰"，谁要是嘴上敢提到个"明"字，都要小心会不会被举报说想"恢复明朝"；谁要是不小心吐出个"清"字，得四处瞧瞧别让人听到了说你"诅咒大清朝"。

可见，皇帝说的有些话是不能信的，尤其涉及舆论问题时。乱说话，很可能就让你莫名其妙丢了脑袋！

> **知识链接**
>
> **徐骏的谋反诗**
>
> 徐骏小时候就被称为才子，他的民族思想浓厚，对清朝十分不满，反清的诗句经常随口可出。
>
> 他曾画了一幅紫牡丹，并题诗说："夺朱非正色，异种也称王。"
>
> 有次聚会，他看到杯底有明代万历年号，便吟道："覆杯又见明天子，且把壶儿搁一边。"
>
> 晚上他听见老鼠吱吱撕咬衣服的声音，便说："毁我衣冠皆鼠辈，捣尔巢穴是明朝。"
>
> 有次他到京城，出发前写道："明朝期振翮，一举去清都。"
>
> 至于"清风诗"，有天他在晒书，一阵风吹动了书页，他吟道："清风不识字，何故乱翻书。"

蒲松龄与曹雪芹

公元1715年，也就是康熙五十四年，在中国文学史上，这是一个非常重要的年份。这一年，写下《聊斋志异》的蒲松龄先生于淄川的茅草屋中飘然而逝；这一年，创作《红楼梦》的曹雪芹先生在江宁织造府诞生。这两位同样伟大的清代小说家，仿佛进行接力赛跑一般，接连在中国小说史上竖起了两道巍峨的艺术丰碑。

在中国古典小说的园圃中，《聊斋志异》和《红楼梦》绝对称得上两朵灿烂夺目的奇葩，《聊斋志异》堪称古典短篇小说的艺术高峰，而《红楼梦》则当之无愧是古典长篇小说的艺术高峰。

《聊斋志异》一书，俗名又称《鬼狐传》，顾

最后的盛世 | 蒲松龄与曹雪芹

名思义,讲述的都是些有关鬼狐之类的奇闻轶事,这些故事的内容大致上可以分为四个类别:一是才子佳人式的爱情故事;二是描绘情义的故事;三是控诉黑暗社会现实的反抗故事;四是讽刺不良品行的故事。

《聊斋志异》的作者大家应该知道,是蒲松龄。关于《聊斋志异》的创作过程,很多人可能也听过

> 狐仙反复出现在《聊斋志异》中,狐仙也分善恶,和人具有同样的情感

这样一种说法：蒲松龄为了搜集素材，便在家乡柳泉旁边摆了一个茶摊，邀请路过的人歇息喝茶，然后让这些人给他讲述他们知道的奇闻轶事，蒲松龄将这些听到的故事进行整理加工，便成了《聊斋志异》。这一说法源自《三借庐笔谈》，但实际上并没有任何根据，蒲松龄也并没有摆过这样一个悠闲而有趣的茶摊。

事实上，蒲松龄创作《聊斋志异》的材料，绝大部分源自他在游学过程中的听闻，还有一部分则源自古籍中的记载。

蒲松龄是个非常有才华的人，19岁应童子试，接连考取县、府、道三个第一，称得上惊才绝艳。但很可惜，他在科考这一路途上的好运也就此止步了，之后他便屡试不第，直到七十开外才终于成了个贡生。

蒲松龄是有大才的，和许多读书人一样，他也曾有为国效力的热血和抱负，但官场的黑暗和科考舞弊的现象却断绝了他踏上仕途的机会，让他彻底地看透了社会的黑暗本质。

很多人看《聊斋志异》，总是将目光集中于花妖狐魅、情情爱爱的故事上，以为这只是一本讲述情爱旖旎的志怪小说。但事实上，深入了解过《聊斋志异》的人都知道，在整部小说所收录的故事中，真正讲述男女情爱的不足三分之一。蒲松龄作《聊斋志异》，讲的是社会，是理想，是反抗，是压抑在胸腔中的愤世嫉俗。

《聊斋志异》开篇的第一个故事是《考城隍》，

▲ 蒲松龄

知识链接

圣旨

在古代，圣旨象征着帝王的权力。圣旨轴柄的制作很有讲究，根据官位的高低，轴柄分为玉轴、黑犀牛角轴、贴金轴、黑牛角轴。圣旨都是用上等的蚕丝制成的绫锦织品，所绣的图案大多是祥云瑞鹤，非常漂亮。

讲述了主角宋焘在死后被邀请去参加城隍考试，考上之后以孝敬母亲为由，恳求神仙让他延迟赴任，神仙被他的孝心感动，答应让他还魂去照顾老母亲，让另一个姓张的秀才先替他上任九年，等他母亲阳寿尽了以后再由他接手。孝道为上，这是当时的社会风尚；神仙的只言片语，便可定人生死，律法形同虚设，就如当时的权贵高官；为全孝道，却让张秀才替死，这是社会的不公平待遇。虽为志怪故事，却无处不在控诉他对当时社会的不满。

《青蛙神》讲述的是青蛙神将自己的女儿嫁给了一个人类男子，婚后小两口频频发生争端，两家人从中调解，最终让这对小夫妻化干戈为玉帛，从此举案齐眉的故事。神与人，本一个为天，一个为地，然而即便身份云泥有别，凑在一块过日子，也终究得讲个道理，若是不讲理，只凭借着身份、地位、权势去压人，那么是永远不可能获得真正的幸福的。权贵与百姓就如这神与人一般，这又何尝不是蒲松龄对人与人之间实现公平、正义的渴望呢？

郭沫若曾这样评价《聊斋志异》："写鬼写妖高人一等，刺贪刺虐入骨三分。"《聊斋志异》之所以能够有如此高的艺术成就，不仅仅在于其故事的曲折离奇、结构的严谨巧妙、语言的简练生动，更重要的是它所影射的社会现实和对封建礼教的反抗意识。

曹雪芹与蒲松龄是有很多相似之处的，他们都有很高的文学造诣，都曾受到过良好的教育，都是有名的才子，却又都一生经历坎坷，对社会的黑暗

知识链接

《聊斋志异》特种邮票

为了更好地宣传中国古典文学名著，国家邮政局于2001年、2002年、2003年每年发行一组《聊斋志异》特种邮票，共发三组，有16枚，对应着16个经典故事。

第一组四枚，加小型张一枚。分别为《画皮》《偷桃》《婴宁》《阿宝》，小型张为《崂山道士》。

第二组四枚，无小型张。分别是《席方平》《翩翩》《田七郎》《白秋练》。

第三组六枚，加小型张一枚。分别是《香玉》《赵城虎》《宦娘》《阿绣》《王桂庵》《神女》，小型张为《西湖主》。

面有着深刻的体会。因此，《红楼梦》与《聊斋志异》一样，无处不充斥着对现实的反抗与控诉。

曹雪芹的家族曾经是非常显赫的，大清开国的时候，曹氏隶属正白旗，与皇室关系较为亲近。曹雪芹的曾祖曹玺的老婆孙氏曾经做过康熙帝的保姆，被康熙帝封为一品太夫人；曹雪芹的祖父曹寅是康熙帝的亲信，在康熙帝南巡的时候，亲自主持接驾过四次；曹家三代都担任过江宁织造。

雍正帝即位之后，曹家就被冷落了，后来甚至被抄了家，那个时候曹雪芹年纪还比较小。

在曹雪芹的成长过程中，时常都能听到身边的亲朋绘声绘色地讲述曹家当年的风光和显赫，而这些都成了他创作《红楼梦》的素材和"养分"，一个大家族的荣辱兴衰就这样在曹雪芹的笔下变得鲜活生动起来。

《红楼梦》凝聚了曹雪芹一生的心血，为了创作这部作品，他先后花费了十年时间，增删修改了五次。

《红楼梦》创作期间，曹雪芹的幼子不幸患病而亡，曹雪芹因此伤心不已，不久便与世长辞了。就这样，这部旷世奇书《红楼梦》成了残稿。我们现在看到的《红楼梦》，实际上只有前八十回是曹雪芹创作的，后四十回则是由他人续写出来的。

《红楼梦》所描述的贾府是整个封建国家的缩影，它写的是一个家族的兴衰，却反映了一个国家、一个朝代的兴亡。每一个人都是有血有肉形态各异的，没有平面化的好人或坏人，也没有非黑即

● 知识链接

红学

红学指研究《红楼梦》的学问，涉及文学、史学、哲学、经济学、中医药学、心理学等众多学科。

早在清朝，就有学者用评点、索隐等方式研究《红楼梦》，史称旧红学。

五四运动前后，著名学者王国维、胡适、俞平伯等人采用西方现代学术范式研究《红楼梦》，红学由此作为一门学问诞生了，史称新红学。红学与甲骨学、敦煌学合称为20世纪三大显学。

脂砚斋

脂砚斋是《红楼梦》抄本系统中《脂砚斋重评石头记》的主要评点者。脂砚斋的批语被称为"脂评"或"脂批"，带有其批语的抄本被称为"脂本"，是最符合曹雪芹思想的版本。

然而，脂砚斋的身份至今仍然是个谜。

白的对错。

主角贾宝玉的形象有着特殊的社会意义,他是一个"行为偏僻性乖张"的贵族子弟,他的一生几乎都在抗争,抗争传统的仕宦道路,抗争没有选择权的婚姻,抗争男尊女卑的封建道德观念……从这个叛逆者的身上,我们可以看到封建思想的衰落,民主主义思想的萌芽,他所代表的是一种新时代的思潮。

《红楼梦》是一部无与伦比的作品,或许也只有像曹雪芹这样的天才,才能创作出这样一部让世人惊艳的小说。

它就如同一部涉猎范围极广的百科全书,建筑、园林、服饰、饮食、医药、礼仪典制、哲理宗教、戏曲游艺……无论哪一个方面,都有着极其精彩的描述,可见作者知识之广博,文学修养之高深。

闯关小测试

1. 在学术文化方面,乾隆主修了(　　)
   A.《四库全书》　　B.《永乐大典》　　C.《辞海》

2. 整体来说,将文字狱推向高潮的是(　　)
   A. 康熙　　B. 雍正　　C. 乾隆

3. 蒲松龄毕其一生,写了一本书,书名叫(　　)
   A.《西游记》　　B.《聊斋志异》　　C.《红楼梦》

参考答案:1.A　2.C　3.B

被击碎的自尊

清政府统治末期,中国大地迎来了前所未有的灾难,中国人民也遭受了从未有过的苦难。国家内忧外患,民不聊生。但正是清政府统治时期的教训告诉了我们"落后就要挨打"这一不折不扣的真理。天朝上国的美梦,应该醒来了。

大贪官和珅

每个朝代都有贪官,而清朝最有名的贪官,必然是和珅和大人了。

即便是对历史少有涉猎的人,大概也不会对和珅的名字感到陌生,影视剧中由著名演员王刚塑造的那个油滑谄媚的和珅形象可谓深入人心,但历史上这位著名的大贪官真的是这样一个颇有几分滑稽的人物吗?

事实上,历史上的和珅算是一个惊才绝艳的人,他相貌英俊,博学多才,幼时便熟读经史子集,而且还精通满、汉、蒙古和藏等四门语言文字。

野史中说,乾隆帝之所以宠信和珅,是因为他

> **知识链接**
>
> **经史子集**
>
> "经"指经书,儒家的著作;"史"指史书;"子"指先秦百家的著作、宗教;"集"指诗词汇编。经史子集泛指我国古代的经典文集。

被击碎的自尊 | 大贪官和珅

古代的服饰和现在有很大差别，穿上一袭长衫，书生的儒雅气质就立刻显现出来

用瓷器盛放画卷，既实用，又烘托了文化氛围

长得很像乾隆帝年少时爱慕的一个妃子。据《清朝野史大观》里的记载，乾隆帝还是太子的时候，有一次无意中撞见他爹雍正的一个妃子，那个妃子非常漂亮，少年乾隆很是心动，就想和她开个玩笑，从背后用手蒙住了她的眼睛，那个妃子吓了一跳，抬手往后打了一下。结果这一幕正好被乾隆的母亲看到了，母亲大怒，直接下旨赐死了那名妃子。乾隆内心深感愧疚，用朱砂在那妃子的脖子上点了一下，并许愿，若有灵魂，希望二十年后能再续前缘。

二十五年之后，乾隆帝遇见了和珅，一瞧长得很是眼熟，再一看，脖子上恰恰有一处红色胎记，便是他当年用朱砂点在那妃子脖子上的地方，而且和珅的年龄与那妃子死去的时间也恰好吻合。于是，乾隆帝认定，和珅就是当年那位冤死的佳人的转世，故而处处维护，给了他一世荣宠，让他得以平步青云。

野史的记载实在离奇，其真实性是非常值得怀疑的。

事实上，乾隆帝宠信和珅并不奇怪，前面说过，和珅是个极有才华、头脑聪明、长相也十分出色的人，这样的人无论在哪里，想必都很难不讨人喜欢。加之和珅情商很高，非常懂得"体察上意"，说话做事都极会讨好乾隆帝。这样一个聪敏灵透而且办事能力也不差的臣子，根本不需要什么"前世"的纠葛，也很容易就能获得皇帝宠信。

在众多影视作品中，和珅总是与正直的官员斗法，并且频频吃瘪，比如纪晓岚、刘墉等，都是他

▲ 和珅

知识链接

胎记

胎记分为两种，分别是色素型和血管型。胎记有时在婴儿出生时就有，有时在出生几个月后才逐渐显现。

的死对头。然而事实上，纪晓岚只是一个大学士，刘墉虽然担任军机处大臣的职务，但负责的却是部务，也就是说，他们手里都没有实权，与和珅的地位根本不在一个等级上。更重要的是，和珅在他的同僚之中风评是非常不错的，哪怕是和他政治立场不同的人，对他的评价都还算不错。

当年那个"瞧不起"中国的英国使臣马戛尔尼在离开中国的时候，唯独给予了和珅极高的评价，说"在这个腐朽、无能的大帝国中，唯有和珅保持了他尊严的身份"，他"态度和蔼可亲，对问题的认识尖锐深刻，不愧是一位成熟的政治家"。

乾隆帝有多宠信和珅，嘉庆帝就有多痛恨和珅。嘉庆帝掌权之后对和珅的处置是果断而迅速的，乾隆帝死后十多天，和珅就被嘉庆帝以"二十大罪状"定了死罪。

人人都知道和珅是贪官，还是个"巨贪"，那么他到底贪了多少呢？

据记载，当年朝廷在查抄和珅家产的时候，一共编了109号，其中有26号估了价，价值总额达到2.64万两白银。而和珅全部的财产加在一起，总额大概有11亿两白银。这是一个什么概念呢？以当时的社会情况为标准，清朝的国库收入平均每年大概有7000万两白银，也就是说，和珅被查抄的家产，相当于是清朝15年的国库总收入，当真是富可敌国啊！难怪会有"和珅跌倒，嘉庆吃饱"之说，和珅的家产还真是能帮嘉庆帝把大清空虚的国库给暂时填满。

和珅的家产确实令人咋舌，但如果说全是"贪"的，那也有失偏颇。从当年的抄家记录中可以看到，在和珅被查抄的家产中，除了金银珠宝之外，还有3000间房屋、8000顷田地、42家银铺、75家当铺，可见和珅是非常典型的"官商一体"。换言之，他不仅是个官员，同时也是一名大地主、大商人，他名下的财产经过合理的经营管理之后，是能够为他创造巨大收益的。

所以说，贪，和珅肯定是贪了，徇私枉法、滥用职权必然也是做过的，但在他的巨额财富中，贪

> **知识链接**
>
> **当铺**
>
> 当铺也称"典当""当店"，是收取别人物品作为抵押，然后放款的高利贷机构，起源于南朝时期寺庙的经营模式。

污所占据的只是很小的一部分，真正"大头"，实际上来自他运用手中权力所进行的"经营"所得。

和珅确实是贪官，但这绝对不是嘉庆帝处理他的最主要的原因。说到底，和珅的结局，不过是"一朝天子一朝臣"的权力更替罢了。作为乾隆帝最宠信的臣子，一人之下万人之上的和大人，注定成为皇权更迭的牺牲品。

作为新一任的皇帝，嘉庆帝想把朝政真正把持在自己手里，稳固自己的统治，就必须肃清所有忠于上一任皇帝的势力，必须为自己正名立威，建立功勋，而和珅正是最合适的一颗"踏脚石"。所以，和珅注定是要"跌倒"的。

> **知识链接**
>
> **一朝天子一朝臣的故事**
>
> 秦大士小时候就聪明过人，乾隆十七年（1752年），秦大士被钦点为状元。
>
> 然而，乾隆怀疑秦大士是秦桧的后人，秦桧是卖国的奸臣，乾隆担心秦大士也做出不利于清朝的事情，便亲自召见他，问："你是秦桧的后代吗？"
>
> 秦大士明白乾隆这话的意思，他高声说道："皇上，一朝天子一朝臣！"
>
> 秦大士果然十分聪明，他言外之意就是说宋高宗是昏君，那么用的就是奸臣；而乾隆是明君，用的就是忠臣。这句话从此流传后世。
>
> 乾隆听后十分高兴，欣赏他机智过人。

大国的自负

提及清朝，总是难以忽略近代那段屈辱的历史，而究其根源，最受人诟病的，正是清廷那项"闭关锁国"的政策。那么，历史真实的情况究竟如何呢？清朝的"闭关锁国"政策又到底是怎么回事呢？

古代中国历朝历代都是以农立国的农业大国，自古以来，重农抑商的思想一直都根深蒂固，而入主中原的清朝在沿袭前朝制度的同时，也继承了这种思想，雍正帝就曾说过："农为天下之本，工商皆其末也。"

知识链接

蒸汽机

蒸汽机是将蒸汽的热量转换为机械能的机器。蒸汽机的出现，改变了过去单纯依靠人力、畜力进行劳动的局面，大大提高了劳动效率，引起了18世纪的工业革命。直到内燃机和汽轮机被发明出来，蒸汽机才退出了历史舞台。

蒸汽机比较笨重，需要一个能够让水沸腾并产生高压蒸汽的锅炉，然后用木头、煤、石油等作为能源燃烧，作为能量的来源。

▼ 清水师战舰（模型）

中国地域辽阔，物产丰裕，加上重农抑商的思想，自给自足的自然经济显然占据统治地位，也因为这样，所以就很容易让人产生一种错觉，那就是我们完全可以关上门来生活，即便不和外界加强联系，我们也完全能够自给自足。

中国历代王朝的统治者都热衷于开疆拓土，但因为各种条件所限，统治者们往往更重视陆地疆域，而几乎从未打过海洋疆域的主意。就连当初浩浩荡荡的郑和下西洋，也更多是为了彰显国威罢了。

这些原因，导致当时清朝无论是政府还是百姓，基本上都没有迫切地与外界交流的渴望，对于大部分人来说，偏安一隅似乎没有什么不好。

对于世界发生的翻天覆地的变化，清朝统治者们实际上也并非是一无所知的。清朝的很多政策都直接继承于明朝，比如海外贸易政策中的不少内容，实际上都直接来自明朝的政策。

事实上，在很长一段时间里，清朝的国门都是比较开放的，"闭关锁国"政策并未贯穿整个清朝。据研究，在鸦片战争开始之前，清朝的海禁政策只占了其统治时间的四分之一，也就是说，在其统治的四分之三的时间里，清朝与外界的交流是畅通无阻的，可见，世界的变化，清朝不可能一无所知。遗憾的是，高高在上的统治者们却始终端着"天朝上国"的姿态，根本不将这些足以改变世界的变化放在眼里。

1793年的时候，英国使臣马戛尔尼访华，带来了许多凝聚着西方国家先进科技的产品：蒸汽机、梳理机、织布机、天体运行仪、地球仪、装备110门英国最大口径火炮的战舰模型、卡宾枪、步枪、望远镜、榴弹炮、迫击炮、热气球、车辆……马戛尔尼向乾隆帝和他的臣子们展示了这些足以改变世界的新发明。然而令人意外的是，面对这些划时代的产物，高高在上的中国皇帝和他那些心高气傲的臣子们仅仅是轻蔑地将其归类于"淫巧之物"，便让它们黯然退场了。

那一次，乾隆帝断然拒绝了英国提出的通商请求，而那时候的英国正在进行工业革命，踏上了飞速前进的"列车"，穿行在历史的轨道上。在致英王乔治三

世的信函中，乾隆帝是这样说的："天朝物产丰盈，无所不有，原不籍外夷货物以通有无。"

当然，皇帝也不傻，在做任何一项决策之前，必定都会经过万般思量，清朝的闭关锁国政策自然也不会是一蹴而就的。

闭关锁国政策的第一步是海禁。

海禁不是清朝皇帝的首创，早在明朝的时候，朝廷为抵御海上倭寇海盗的进犯，就已经开始实行海禁政策了。清朝最初的时候并没有禁海，直到后来，为了防止沿海民众和台湾的郑氏政权勾结发展反清势力，才开始了严格的海禁，甚至在某些地方实行了"迁海"，将沿海的居民们向内迁徙数十里，然后把迁出的地界上的房屋田舍全部焚毁，让这些地界都变成荒地，以此来阻挡百姓出海，断绝东南沿海一带对郑氏的物资供应。为了剿灭反清势力，这一时期清朝的海禁政策可以说要严厉得多。

海禁政策的第二步是设关。

1684年，康熙帝开放了海禁，允许沿海的居民出海进行贸易，并将澳门、漳州、宁波和云台山等四处定为正式的对外通商口岸。当然，也不是所有东西都能进行贸易的，比如火药、硫黄、炮械等军火类物品就禁止买卖。

到1717年的时候，因为南洋一带有海寇进行反清活动，于是康熙帝颁布命令，只允许外商来华贸易，但本国的商人和百姓是禁止前往南洋贸易的，以免让不安分的人有机可乘，和反清势力勾结。

一直到1727年，雍正帝才解除这项政策。但到

知识链接

南洋

明清时期，人们称东南亚一带的国家为南洋，这是以中国为中心的思想的体现。南洋包括马来群岛、菲律宾群岛、印度尼西亚群岛，也包括中南半岛沿海、马来半岛等地。

清朝时，人们也称江苏以南的沿海为"南洋"，江苏以北沿海称"北洋"。

硫黄

硫黄是易燃固体，主要用于制造染料、农药、火药、橡胶、人造丝等。

在生产生活中，常将硫黄加工成胶悬剂，用来防治病虫害。硫黄对人、畜安全，不易使农作物产生药害。

1747年的时候，乾隆帝又再次恢复了这一禁令。

真正完成"闭关锁国"，是在乾隆时期，乾隆帝颁布了闭关政策。

随着资本主义工商业的迅速发展，乾隆时英国到宁波口岸进行贸易的商船越来越多，引起了朝廷的重视。乾隆帝很担心，这么多的外国人来，会不会和本国人勾结在一起发展壮大反清势力呢？会不会对朝廷的统治构成威胁呢？

此前就说过，中国古代一直都是重农抑商的，而且当时占主要地位的也是自给自足的小农经济，所以乾隆帝认为，即便不和外国人交流、通商，对本国也不会有什么大的影响，既然如此，那干脆直接阻断好了，这样也能消除可能存在的

古代的各种通知都是贴在指定的位置供百姓观看

反清势力威胁！于是，1759年，朝廷正式颁布禁令，停止漳州、宁波、云台山等港口的贸易活动，只允许广东一处进行对外贸易，而且又新增了不少贸易项目和数量的限制。至此，清朝进入了全面的闭关锁国状态。

纵观世界历史的发展，大清帝国的命运轨迹与曾经不可一世的罗马帝国何其相似！它们都曾有过光辉灿烂的文明，却也都因为陶醉于这样的成就而不思进取，最终被历史前行的车辙碾于尘下。这就是一个大国的自负所带来的种种隐患与危险，历史告诉我们，封闭保守终将陷入衰落，开放包容才能迎来昌盛。

知识链接

罗马帝国

罗马帝国创立于公元前27年，公元395年分裂为东、西两部分。公元476年，西罗马帝国灭亡；公元1453年，东罗马帝国灭亡。

罗马帝国以地中海为中心，跨越欧、亚、非三大洲，存在一千多年。

起义军，风起云涌

当一个王朝出现倾颓之势时，最先有所反应的，必定是底层无权无势的老百姓，因为处于社会底层，故而最先体会到不幸与苦难的也是他们。

朝廷"病"了，身居高位的人便利用手中的权势，将"病痛"压在地位低下的人身上，让地位低下者去承受。层层下去，所有的苦难便只能不停地积压在老百姓头上，直逼得民不聊生。所以不论在哪一个朝代，当朝廷发展到江河日下的时候，往往都伴随着接连不断的农民起义。

清朝也是如此。

▼ 清朝的货币

被击碎的自尊 | 起义军，风起云涌

早在乾隆帝退位之前，清朝就爆发过数次农民起义，其中最有名的就是白莲教起义。乾隆帝对其进行过镇压，但并没有真正根除这一组织的势力。

白莲教在民间的势力不容小觑，早在南宋年间，这个组织就已经开始在民间活动了。早期的时候，白莲教主要还是一个宗教组织，提倡念佛持戒，信徒不得杀生、不得偷盗、不得邪淫、不得妄语、不得饮酒。白莲教的教义简单易懂，很多下层的老百姓都加入了这一教派。到元、明时期，白莲教开始组织并发动农民起义，等流传到清朝初期的时候，这一教派实质上已经发展成为民间反清的一个秘密组织。

清廷曾对白莲教进行过多次血腥镇压，但始终都没能将这股隐藏在民间的势力彻底消灭。而白莲教也一直在蓄积力量，直到嘉庆年间，终于爆发了一场规模浩大的农民起义。这场起义前后持续了九年多，参加的人数多达几十万，川、楚、陕、甘、豫等五省都被卷入其中，可见规模有多么浩大。

为了镇压白莲教起义，嘉庆帝调集了全国16个省的兵力，耗费了白银2亿两，这笔钱相当于当时清朝国库整整五年的财政收入，可见白莲教起义对清王朝的统治造成了多么巨大的冲击。

虽然嘉庆帝付出巨大代价镇压了白莲教起义，但显然这并不是结束，而仅仅是个开始罢了。在延续九年有余的白莲教起义失败之后，广大的百姓并没有因此而放弃抗争，层出不穷的农民起义开始在各地爆发，掀起一阵又一阵的浪潮。

> **知识链接**
>
> **中国行政区简称**
>
> 中国目前共有34个省级行政区，其简称分别是：
> 北京市（京）
> 上海市（沪）
> 天津市（津）
> 重庆市（渝）
> 黑龙江省（黑）
> 吉林省（吉）
> 辽宁省（辽）
> 河北省（冀）
> 甘肃省（甘或陇）
> 青海省（青）
> 陕西省（陕或秦）
> 河南省（豫）
> 山东省（鲁）
> 山西省（晋）
> 安徽省（皖）
> 湖北省（鄂）
> 湖南省（湘）
> 江苏省（苏）
> 四川省（川或蜀）
> 贵州省（贵或黔）
> 云南省（云或滇）
> 浙江省（浙）
> 江西省（赣）
> 广东省（粤）
> 福建省（闽）
> 台湾省（台）
> 海南省（琼）
> 广西壮族自治区（桂）
> 西藏自治区（藏）
> 内蒙古自治区（内蒙古或蒙）
> 新疆维吾尔自治区（新）
> 宁夏回族自治区（宁）
> 香港特别行政区（港）
> 澳门特别行政区（澳）

这就是 中国历史 清

　　一个名叫蔡牵的人成了东南沿海一带的起义军头儿。他是福建同安人，家庭贫寒，遭遇饥荒之后，为了生存就下海做了海盗。

　　在浙江、福建和广东沿海一带，和蔡牵有着相同遭遇的农民非常多，因为这里缺少耕地，所以很多人都是靠海维生的。然而，贫穷并未能阻止当地官员和政府对农民的勒索敲诈，为了生存，为了反抗，农民们自发组织成一个一个的小团体来进行自卫互助。在当地官员们看来，这些农民们自己组成的小团体和海盗并没有什么区别，所以都是把他们当成"一伙"来看待的。

蔡牵这个人有些本事，渐渐地就成了当地海盗和农民组成的小团伙的头儿。在白莲教起义发展到尾声的时候，蔡牵还曾率领船队攻打过清军在厦门海口的炮台，可惜未能成功。在白莲教起义失败之后，蔡牵率领船队去了台湾，和台湾的起义军取得联系，并被推举做了镇海王。嘉庆帝大惊失色，赶紧调集海上军队进行镇压。毕竟是寡不敌众，最终蔡牵还是失败了，和他的妻儿及手下部众一块儿死在了海上。

白莲教和蔡牵所带来的震撼还未完全平息下去，直隶、河南以及山东等地区又开始蠢蠢欲动起来，一个名为天理教的宗教组织再次揭竿而起，掀起了又一轮的农民起义。

这个天理教其实是白莲教的一个分支，又称为白阳教龙华会。1806年的时候，一个名叫林清的人加入了天理教，并很快被推举做了直隶坎卦组织的头儿。在这种宗教组织里，你想让别人信你，追随你，就得和"神佛"扯上点关系，林清也给自己弄了个"神佛身份"——自称弥勒佛转世。

在白莲教起义和蔡牵的海上斗争相继失败之后，林清和天理教各地的教首们一同商议，打算趁着这一影响也开始起事。敲定革命计划之后，1813年，趁着嘉庆帝到热河避暑的时机，林清率领着京城的

▲ 嘉庆帝

清朝第七位皇帝，入关后第五位皇帝，共在位二十五年。

嘉庆登基后，乾隆帝成为太上皇，因此直到乾隆去世后才亲政，登基后的前四年内嘉庆没有实权。

乾隆去世后，嘉庆开始惩治贪污腐败，首先查办了大贪官和珅。但是为了维护政权稳定，嘉庆对贪腐的惩罚有限，收效不大。嘉庆在位期间，贪污问题不仅没有解决，反而更加严重。

各种问题困扰着嘉庆帝，如白莲教之乱、八旗生计、河道漕运等问题越来越严重，鸦片也在此时大量流入中国。而工业革命却在蓬勃兴起，清朝依然坚守着天朝上国的闭关锁国政策。从此开始，清朝由盛转衰。

天理教教众开始攻打紫禁城。

　　林清这边一起义，直隶长垣、山东曹县和定陶等地的天理教教众也纷纷起来响应，一时之间，天理教的起义军东西相连，声势极为浩大。原本按照原定计划，这些起义军在起事之后应该立刻向京城进发，和林清会和。但很显然，他们低估了清军的战斗力，在当地兵将的阻挡之下，起义军没能按照原定计划赶赴北京。因此，在缺乏支援的情况之下，寡不敌众的林清还是失败了，并被清军俘虏。

　　此时，在热河避暑的嘉庆帝也早已经接到消息赶回北京坐镇，迅速指挥清军对起义军展开镇压。这场起义前后持续了三个月左右，时间虽然不算长，但对清朝统治者的打击却是无比巨大的。起义军甚至都已经攻进了紫禁城，攻入了皇宫，

即便很快被清军镇压,但也确确实实给那些高坐在皇城中央的权贵们造成了巨大的心理阴影,极大地震动了清王朝的统治。

当一个王朝已经腐朽的时候,在毁灭与重建之前,人民的抗争永远不会停止。

毒品引发的战争

▲ 小农经济

小农经济也称个体农民经济。它以家庭为单位,依靠家庭成员的劳动,满足自己日常的生活需要。譬如,丈夫种地生产粮食,妻子织布做成衣服,自给自足,这就是典型的小农经济。

当清朝的皇帝们还沉浸于"天朝上国"的幻想之中时,世界的格局已经悄然发生了惊天动地的变化。在遥远的西方国度,一个名叫瓦特的英国人改良了蒸汽机;在美洲大陆,一群英国移民建立了一个没有帝王统治的全新国家美利坚;还有喷着气的汽船,旋转飞快的自动纺织机……

对于这些惊人的变化,当时的清朝人却一无所知,或者即便知晓一些,也仍然不为所动,尤其是那些高高在上的统治者们,更是对这些"雕虫小技"不屑一顾。于是,在世界急速改变的时候,"天朝上国"却毫不犹豫地关闭了"国门",在自我满足中继续发展自给自足的小农经济。

然而,清朝人满足于此,英国人却不干了,他们正是急需扩张的时候,他们手中握着坚船利炮,他们有着征服世界的野心。所以,为什么不干呢?

一开始,他们的手段是通商,但很显然,事情并未如愿地继续发展下去。一方面,自大的清朝皇帝用各种各样的法令将这些外国人和他们的商品都拒之门外；另一方面，习惯于自给自足的小农经济的百姓对商品交易并没有多少热情。于是，英国商人想要通过正当经商手段在清朝赚大钱的想法破灭了。

就在一筹莫展的时候，英国人征服了印度，并在那儿发现了大片大片的罂粟花，这种花的种子提炼之后能够制作出一种让人沉醉上瘾的毒品，这种毒品叫做"鸦片"。从这邪恶的毒品身上，英国人看到了撬开清朝国门的机会。

从那个时候开始，一船又一船的鸦片漂洋过海，被运送到了清朝的港口，悄无声息地进入了人们的生活。上至达官显贵，下至平民百姓，都沦为了吸毒者，在烟雾缭绕中甘心奉献出自己的钱财和健康，变得精神颓废、骨瘦如柴。

这个时候，清朝的皇位已经传到了乾隆帝的孙子道光帝头上。一位名叫林则

徐的大臣在朝堂上站了出来，提醒这位年轻的帝王：若是再这样放任不管，那么举国上下都将成为病夫，到那个时候，国家的钱没了，健康的人没了，能战斗的兵也没了，那就只能亡国灭种了啊！

皇帝最怕听到的就是"亡国"，道光帝也不例外，林则徐这么一说，他也意识到了情况的严重性。于是，他把禁烟的重任交到了林则徐手里，让他全权负责处理这件事。

在当时，鸦片的走私主要是以广州为大本营，当地鸦片泛滥，包括很多达官显贵和富有商人都和鸦片有着千丝万缕的关系，不是自己吸食，就是与英国商人有所勾结。为了共同的利益，各种势力勾结在一起，阻挡着林则徐的禁烟步伐。因此，林则徐的禁烟活动一度面临着巨大的压力。

阻力虽然大，但林则徐可不是一个好拿捏的"软柿子"。抵达广州之后，林则徐以强硬的雷霆手段把所有商人手上的鸦片都给缴获了，集中在广东一个叫"虎门"的海滩进行公开销毁，这就是历史上有名的"虎门销烟"。

这一次禁烟活动，林则徐一共销毁了英国2万多箱的鸦片，还扣押了一批以英国商人为首的外国毒贩。原本在这件事情中，理亏的显然是英国人，毕竟不管在什么时候，毒品买卖都不是能够上得了台面的东西。然而，在巨大的利益驱使下，人往往会做出一些不太光彩的事，当时的英国人也是如此。

一开始，英国可能还有些犹豫，是否真要为了

▲ 道光帝

清朝第八位皇帝。

登基时清朝已越来越弱，他整顿吏治、盐政，疏通海运，平定国内叛乱，还下令严禁鸦片，这些都起到了一定积极作用。

道光帝生活俭朴，勤于政务，但总体来说他的资质平平。再者清朝积弊难返，道光帝也难以改变，清朝一步步走向衰落。

知识链接

毒品的危害

吸毒会造成无数的家庭悲剧，家中只要有一人吸毒，就决定了贫穷、疾病和家庭矛盾将随之而来，无穷无尽的开销最终导致倾家荡产，妻离子散，一无所有。

毒品而发动战争，但是当他们听说中国的皇帝非常愤怒，下令再也不和他们通商的时候，他们出兵了，再也不顾及脸面和所谓的"绅士风度"。他们带领着十六艘新式军舰，四艘武装轮船，二十八艘运输船以及五百四十门大炮，气势汹汹地开向了大清的国门。他们从防范严密的广州蹿到厦门，又到了舟山群岛，最后终于在守备空虚的定海登陆，像强盗一般冲入城中杀人放火。

紧接着，这些强盗一般的英国人蹿到了天津近旁的大沽口，恬不知耻地"控诉"林则徐对英国商人的"迫害"，要求清政府向英国人赔礼道歉，割地赔款，并且要求清朝皇帝继续开放通商口岸。他们叫嚣着，将坚船利炮对准大清的门户。于是，年轻的道光帝退缩了，派出了"软骨头"的直隶总督琦善去和英国人谈判。

英国人这个时候其实也很担心，虽然他们有着厉害的舰队，但补给跟不上啊，

▼ 虎门销烟

当时已经是深秋时节,万一大沽口结冰,舰队恐怕会陷入进退两难的尴尬境地。可没想到的是,被道光帝派来谈判的琦善会这么"怂",又赔笑脸又说好话,一心劝他们先"退回"广州,好解除北京的威胁。英国人自然很高兴,顺水推舟地就"撤退"了。

看到琦善一出马就"劝退"了英国人,道光帝很高兴,同时对琦善也就更有信心了。他立刻撤了林则徐的职,改派琦善担任两广总督,继续和英国人进行谈判。

琦善一到广州,立刻就把林则徐布置的防务都给撤了,还裁减了大部分的水师兵力,试图用这种方式来向英国人展示自己的"诚意"。一看琦善这样软弱可欺,英国人更加肆无忌惮,提出了一系列的割地赔款条件,也不管琦善答不答应,

就大张旗鼓地单方面宣布条约成立,让清朝给英国赔款600万银元,割让香港岛,并开放广州为通商口岸。

赔款这事在琦善看来没什么大不了,但割地就严重了,他根本不敢做主,干脆装病躲着英国人。道光帝收到消息之后也坐不住了,割地这种事情怎么能轻易答应呢?他赶紧召回琦善,改派自己的侄子奕山出马,率兵去和英国人打。

奕山也是个"废物",不能打也就算了,胆气也不行,被英国人的大炮轰了几次,就直接在广州城头竖了白旗,窝囊地和英国人签订了《广州和约》,花600万银元"赎"回了广州。

在见识到清朝的软弱可欺之后,英国人兴致勃勃地继续"找茬",

并在1841年8月又一次攻打厦门。他们知道，只要咬紧了中国这块肥肉，他们就能得到更多的利益。而事实也证明，他们是对的，虽然中国从来不乏那些敢于为国家抛头颅、洒热血的英勇男儿，但软弱可恨的"投降派"却又一次出卖了国家利益，为了停战而低声下气地和英国人签订了丧权辱国的《南京条约》，那是1842年8月29日，一个应该被所有中国人铭记的"国耻日"。

此后，借由鸦片战争的影响，英国人又迫使清政府与之签订了《五口通商附粘善后条款》（又叫《虎门条约》）；美国人见有利可图，也厚着脸皮掺一脚，派军舰来耀武扬威一圈，和清政府签订了《望厦条约》；法国也不甘示弱，急匆匆跑来逼迫清政府签订《黄埔条约》；比利时、瑞典、挪威、葡萄牙……

当一个缺口打开以后，距离决堤也就不远了。当一个国家展现出软弱可欺的一面之后，成为任人宰割的"鱼肉"也就不远了。

> ● 知识链接
>
> **《南京条约》主要内容**
>
> 1. 清朝政府开放广州、厦门、福州、宁波、上海等五处为通商口岸（史称"五口通商"），准许英国派驻领事，准许英商及其家属自由居住。
>
> 2. 清政府向英国赔款2100万银元，其中600万银元赔偿被焚鸦片，1200万银元赔偿英国军费，300万银元偿还商人债务。
>
> 3. 割香港岛给英国，英军撤出南京、定海等处江面和岛屿。
>
> 4. 废除清政府原有的公行自主贸易制度，准许英商与华商自由贸易。
>
> 5. 英商进出口货物缴纳的税款，中国需与英国商定。中国的关税自主权开始丧失。
>
> 6. 以口头协议决定中英民间"诉讼之事"，"英商归英国自理"。中国的司法主权开始受到侵害。

 ## 太平天国

一个无权无势的平头百姓，想要在最短的时间内拥有一批追随者，最有效的方式就是和"神佛"扯上关系，让"信仰"来缔造领导力及凝聚力。

在两千多年以前，一位名叫"耶稣"的犹太人便是如此创立了基督教的，他宣称自己是上帝之子，受命来拯救世人。而在一千多年之后,遥远的中国也出了这样一个宣称是上帝之子、耶稣之弟的人,这个人叫洪秀全。

洪秀全本是个读书人,和所有读书人一样,有着一个科举梦。但很可惜,考了整整四次,洪秀全都是名落孙山,一气之下,他毁了自己所有的书,决定从此摒弃孔孟之道,并宣称要改为信奉基督教。

按照基督教的规定,要成为一名基督徒是需要经过教士们主持的洗礼仪式的,但洪秀全不想那么麻烦,他找了几个要好的亲戚朋友,在他们的见证下去河里洗了个澡,就当自己是个基督徒了,并且还成了一名传教士,四处劝人入教。

为了增强自己的可信度,洪秀全四处跟人说自己有一回做梦梦见了上帝,上帝跟他说,他有个名叫耶稣的哥哥,让他像他哥哥一样,到凡间拯救世人。上帝说了,如今这个世道,妖魔横行,民不聊生,他要封洪秀全为王,并赐给他一柄能够斩妖除魔的宝剑。

那些读过书比较有知识文化的人都觉得洪秀全就是个疯子,成天胡言乱语。但那些大字不识的苦力、农民和妇女们却很相信洪秀全说的话,觉得他宣讲的东西特别有道理。于是渐渐地,洪秀全身边就聚集起了不少人,很多生活在社会底层的老百姓都相信洪秀全,并且愿意追随他。

1851年的时候,广西一带发生了大旱灾,人民生活相当艰难。此时的洪秀全已经有了很大一批追随者,于是趁这个机会,他把所有相信他的追随者都召集了起来,并宣布要成立一个全新的国家,推翻清朝的统治,为天下带来太平。所以,他所创建的国家就叫"太平天国"。

原本加入太平天国的，都是些乌合之众，行军打仗和正规军队是完全没有可比性的。但当时情况比较特殊，一方面，那一年刚好是道光帝过世，他的儿子咸丰帝继位的时候，朝政不稳，事情太多，一时之间抽不出手来全力打击太平军；另一方面，当时举国上下鸦片泛滥，清朝很多士兵也都因吸食鸦片而沉迷其中不可自拔，大大削弱了军队战斗力。

在这些因素的影响之下，洪秀全就这样率领着一帮乌合之众，硬是攻下了不少城池，后来把南京城都给占领了，并顺势把南京定为太平天国的国都。

在建立太平天国之后，洪秀全要求大家恢复汉人的装束，并制定了一夫一妻制，禁止饮酒、赌博等不良嗜好，禁止买卖人口，废除妇女缠足的陋习。

▲ 洪秀全

此外，太平天国还宣布，要把土地全部重新分配，并成立了"圣库"，要求所有人都把钱财放到"圣库"之中，然后进行统一管理。

虽然洪秀全的主张有一定的先进性，但也有很多是不受人欢迎的。比如禁止祖先崇拜，禁止阅读与孔孟之道有关的书籍等，这与中国几千年来的传统显然是相悖的。甚至说，有的已经融入了中国人的血脉，根本不可能一刀割舍。

虽然太平天国内部并不是非常稳固，但此时势头正盛的太平军还是把清军逼得节节败退。无奈之下，咸丰帝只得向地方"求助"，他发布了一道命令，

知识链接

缠足

缠足是古代摧残女性的一种陋习，用布将女性双脚紧紧缠裹，限制其生长发育，使脚畸形变小。

一般四五岁开始缠足，直到成年骨骼定型后解开布带，也有终身缠足者。

要求地方官员组织民兵力量来对抗太平军。

虽然咸丰帝发布了这样的命令，但愿意响应的人并不多，毕竟要训练民兵就得投入大量的财力物力，更重要的是还得冒着生命危险上战场，这种吃力不讨好的事儿谁都不愿意干。

就在这个时候，一个名叫曾国藩的读书人站出来了，他虽然是汉人，但他却是为清朝效力的。在他看来，洪秀全的太平天国比清朝要更加离经叛道。所以，在看到咸丰帝的诏令之后，曾国藩立刻投入了组建民兵力量的工作，并很快组建出了一支颇具战斗力的军队——湘军。

此时，西方的一些国家在经过一段时间的观望之后，也都站在了清政府一边，帮助他们抵抗太平军。他们认为，软弱可欺、步步退让的清政府显然能给他们更多的好处。

太平军已经占据了不少地方，原本趁着这股势头，他们应该乘胜追击的，但在进入南京之后，以洪秀全为首的太平天国领导者们却立刻被富贵迷了眼睛，沉迷于享受和争权夺利之中。一些将领开始效仿洪秀全，用"神佛身份"来包装自己，培植自己的势力，甚至起了取而代之的心思。

在这种情况之下，曾国藩和他所建立的湘军逐渐占据了优势，太平军则在一次次的分裂和争权夺利中削弱，最终被一点点消灭殆尽。

1864年，曾盛极一时，令清政府闻风丧胆的太平天国政权正式覆灭了，如同梦幻泡影一般，而太平天国曾经留下的种种：禁止吸食鸦片，禁止留辫子，

▲ 曾国藩

知识链接

《曾国藩家书》

《曾国藩家书》是曾国藩的书信集，19世纪中叶编纂成书。该书详细收录了曾国藩从道光二十年（1840年）至同治十年（1871年）间长达三十年的往来书信，将近1500封。

书信涉及的内容非常广泛，生动反映了曾国藩的主要活动和其治政、治家、治学的理念。

家书的形式自由，挥洒自如，具有很强的说服力和感染力。

禁止缠小脚，禁止娶小妾，禁止买卖奴婢等全部都消失殆尽，恢复原貌了。这个以美好的愿望开始，却最终陨落于冰冷而黑暗深渊的天国之梦就此消失于历史的长河。

此时，咸丰帝已经驾崩三年有余，他最终也没有亲眼见证太平天国的覆灭。他的儿子同治帝已经成为大清帝国新的统治者，而随着汉人武装地主的崛起，朝廷的政权、军权都在悄然发生着变化，大清国的未来又将何去何从呢？

知识链接

离经叛道

经和道是指儒家的经典著作与道德伦理。离经叛道指人远离了儒家经典的思想，背叛了道德伦理，现在也指背叛主流思想。

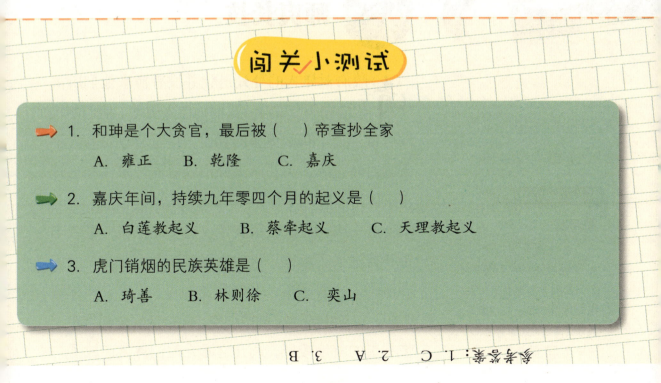

闯关小测试

1. 和珅是个大贪官，最后被（　）帝查抄全家
   A. 雍正　　B. 乾隆　　C. 嘉庆

2. 嘉庆年间，持续九年零四个月的起义是（　）
   A. 白莲教起义　　B. 蔡牵起义　　C. 天理教起义

3. 虎门销烟的民族英雄是（　）
   A. 琦善　　B. 林则徐　　C. 奕山

参考答案：1.C 2.A 3.B

徒劳的救赎

清朝末期统治者愈发昏庸无能，导致自救这件事情变成了一个遥不可及的目标。在这一时期内，不管是政府官员还是民间的仁人志士，都想尽办法挽救这个大厦将倾的古老帝国。但是，由于各阶级的局限性和清政府内部顽固势力的阻挠，导致这些努力都失败了。

 ## 师夷长技

清政府对洋人的处处退让并没有换来他们所渴望的和平与安全，反而让洋人洞悉了他们的软弱可欺。为了获取更多的利益，趁着清政府与太平天国对峙之际，英法两国分别以亚罗号事件和马神甫事件为借口，发动了第二次鸦片战争。

这一次，英法联军直接攻进了北京城，把咸丰帝吓得逃去了承德。这些比强盗还要可恶的英国人和法国人拿着武器，带着贪婪，闯入了皇家园林圆明园，将其中的珍宝劫掠一空，能带走的全部带走，带不走的就地毁坏，离开之际，他们甚至还放了一

> **知识链接**
>
> **圆明园**
>
> 圆明园位于北京西北郊，和颐和园毗邻，由圆明园、长春园和万春园共同组成，也称圆明三园。圆明园是清朝最为著名的皇家园林之一，被誉为"万园之园"。

把火，将这座曾经美轮美奂的园林付之一炬。

　　沙俄一看有利可图，急忙发兵前来"调停"。面对三方列强的入侵，清政府最终只能再一次低头，先后签订了《天津条约》《北京条约》和《瑷珲条约》等一系列不平等条约。这些西方强国再一次见识到了清政府的软弱无能，他们希望这个政府能长久地统治中国，毕竟他是这样的容易掌控。于是，为了维护其在华的利益，这些西方国家纷纷站到了清政府的一边，热情地帮助他们训练和建立新式军队，用以对抗当时的太平军。

　　在历经了一系列的屈辱之后，很多人终于开始意识到，想要不受外国列强的侵略，国家就必须强大起来，可怎么做才能让国家强大呢？大臣们在朝堂上热烈地讨论争辩。最后，一部分大臣给出了答案：洋人之所以强大，是因为他们的船又快又坚实，他们的武器又猛又厉害，所以我们想要强大，就得学习他们造船造

武器的技术，学会了我们就也厉害了。按照大臣魏源的说法，就是"师夷长技以制夷"。

但并不是所有大臣都同意这个想法，总有一部分官员，抱持着"老祖宗的规矩"去行事。于是，那些主张"学习西方"的洋务派势力和坚持不肯改变的保守派势力就这样互相"掐"起来了。

此时，坐在龙椅上的皇帝是同治帝，但朝廷实际上的掌权人却是同治帝的母亲慈禧太后。在咸丰帝病死的时候，慈禧太后和恭亲王联合在一起，发动了辛酉政变，这才压倒顾命八大臣的势力。这顾命八大臣所代表的，就是朝堂上的保守派势力，而恭亲王则是洋务派的代表人物之一。这样一来，亲疏立现，为了巩固自己的统治地位，慈禧太后自然支持洋务派。于是，轰轰烈烈的洋务运动就这样展开了。

发起洋务运动的初衷就是为了提升国家战斗力，因此，开展洋务运动的前期，所有重点自然都放在了军事装备方面。

李鸿章是洋务派官员中的佼佼者之一。为了提升军队战斗力，他开始向西方学习，用新式方法来训练自己所领导的淮军，并不惜花费大价钱，在军中逐步推广洋枪洋炮，然后聘请外国的军官对淮军进行训练，就连训练中的口令也都完全向外国学习。

想要把军队都改造成为新式军队是需要耗费大量的财力物力的，光是军备这一块就相当吃力。如果一直采用向国外进口的方式来配备军需，价格昂贵且不说，购买周期还十分长。因此，各省大员们

知识链接

洋务运动

洋务运动也称自救运动、自强运动。十九世纪六十到九十年代，为了维护清朝的统治，晚清洋务派大量引进西方先进的军事装备、机器生产和科学技术，展开了一场自救运动。洋务运动前期的口号是"自强"，后期口号是"求富"。

洋务运动以"中学为体，西学为用"为主要指导思想。

洋务运动共持续了三十多年，虽然没能让中国富强起来，但引进了西方的先进技术，中国从此出现了第一批近代企业，促进了中国民族资本主义的产生及发展。

决定,武器还得自己造,在自己的土地上兴办制造枪炮的军事工业才是硬道理!

打定了这个主意之后,在李鸿章为首的洋务派大臣的主持下,一系列的大型近代化军事工业如雨后春笋般冒了出来:金陵制造局、江南机器制造总局、福州船政局、天津机器局等。在短短几年的时间里,清朝就已经具备了铸铁、炼钢以及机器生产各种军工产品的能力。

为了进一步提升军队战斗力,朝廷还效仿国外,开办了一批军事学校,包括天津水师学堂、广州黄埔鱼雷学堂、刘公岛水师学堂、江南水师学堂、旅顺鱼雷学堂、江南陆师学堂、上海操炮学堂等。

要想抵御洋人，水师力量是关键，毕竟这些洋人都是漂洋过海打过来的。于是，洋务派的官员们大手笔地花银子，一口气建了三支舰队，北洋水师、福建水师和南洋水师。这其中，力量最强、装备最先进也最令人骄傲的一支，就是北洋水师，单从装备和规模上看，这支水师在当时即便与世界上最先进的舰队相比，也是不遑多让的。

随着军事工业的发展，洋务派大臣们也逐渐发现，要想发展国防力量，经济是基础，没有强大的经济实力做支撑，哪里有钱发展国防？于是，"求富"的口号被提出来了，一大批的民用工业和新式交通运输业开始发展起来了。

1872年，李鸿章建立了轮船招商局，总局设在上海，这是洋务运动中创办的第一个民用企业。仅仅经营了三年的时间，该企业就帮朝廷

赚回一千三百多万两银子，业务甚至还发展到了国外。李鸿章开的这个好头让众人意识到了民用工业带来的重大经济效益。一时之间，众多与民生相关的新兴行业开始相继出现，比如近代矿业、邮政、电报业、铁路等。

虽然洋务运动为清王朝带来了新的局面和生机，并带动了一系列近代工业的发展，但不论是清朝的统治者，还是洋务派的官员们，都只想学习西方的科学技术，却对其先进的思想与制度不闻不问，尤其是那些守旧势力，更是极力反对任何形式的社会变革。

没有先进的社会制度作为依托，没有彻底变革的决心，洋务运动注定无法成为中国的新出路。

> **知识链接**
>
> **重农抑商**
>
> 　　在中国两千多年的封建社会中，"农本商末"的观念是中国传统思想的主调，从而形成了"重农抑商"的政治方针，这是历朝历代施行的基本治国之策。
>
> 　　从战国时期形成"奖耕战""抑商贾"政策以来，秦汉以后"重农抑商""崇本抑末"就渐渐成为国策，到宋元的"专卖"法和明清时期的"海禁"，都体现了重农抑商的思想。

商业之光

一直以来，商人在古代中国都很难"混"。一来中国自古就是个农业大国，自给自足的小农经济占主导；二来"士农工商"的观念深入人心，商人这个职业总是被排在最末等的，地位较低。

清朝初期的统治大多承袭了前朝的模式，商人阶层的社会地位依然不高，"重农抑商"的传统观念依然深入人心。但在鸦片战争之后，面对西方列强的坚船利炮，人们逐渐意识到了科学技术和工业化生产的重要性，并由此而掀起了重商主义。

徒劳的救赎 | 商业之光

国家要强大，就得加强军事力量，而想增强军事力量，就得有强大的经济实力做依托，而我们也知道，最能为国家创造经济效益的，正是商业。因此，随着洋务运动的展开，民族工商业的兴起，商人的地位开始逐渐提升。尤其在那些商业较为发达的地区，更是进一步产生了"商重于农"的观念。

以徽州为例，徽州地情主要是山地多而土壤薄，因此粮食产量比较低，每年都得从别的地方运来粮食贩卖，才能维持当地的粮食供给，所以徽州的商业活动是比较活跃的。可以说，在徽州，商业不仅仅能创造财富，更重要的是关

古代的店铺虽然面积较小，但多精于管理，熙熙攘攘，非常热闹

系到当地的民生。所以，徽州的商人地位是比较高的，徽州的人民会觉得"商重于农"也就不奇怪了。

伴随着商人地位的提高和人们对经商一事观念的改变，商人阶层和士绅阶层开始产生了"对流"——士商相混。

以前有官职的人通常是不会进行商业活动的，商人地位低下，而有官身的人又最看重名声，所以断然不会去做坏自己名声的事情。但现在情况不同了，商人地位的提高让越来越多的官吏和士人开始兼营一些工商业。与此同时，商人阶层也在努力朝着士绅阶层迈进，一直被"歧视"的商人显然也希望能有机会进入高贵的士绅阶层，进一步提升自己的社会地位。"绅商"就是这样出现的。

一直以来，商人由于地位较为低下，因此国家并没有多少能够庇护商人的法律出台。既然国家靠不上，那么就只能靠自己了。所以，在天然的乡里、宗族等关系的牵绊下，各地的商人们都抱成团，连成线，相互支持，相互帮助，同时还能对一些不恰当的恶性竞争行为进行约束，以保证商业市场的正常运行。在这样的情况之下，便渐渐形成了商帮。

清朝时期比较著名的商帮就有十个，包括山西商帮、徽州商帮、陕西商帮、山东商帮、福建商帮、洞庭商帮、广东商帮、江右商帮、龙游商帮、宁波商帮等。其中最有名的商帮当属晋商、徽商和潮商。

> **知识链接**
>
> **徽州商训**
>
> 斯商：不以见利为利，以诚为利；
>
> 斯业：不以富贵为贵，以和为贵；
>
> 斯买：不以压价为价，以衡为价；
>
> 斯卖：不以赚赢为赢，以信为赢；
>
> 斯货：不以奇货为货，以需为货；
>
> 斯财：不以敛财为财，以均为财；
>
> 斯诺：不以应答为答，以真为答。

随着商业在清朝的兴起,一大批颇有名的商人也随之崭露头角。比如誉满天下的红顶商人胡雪岩就是徽商的代表人物。

胡雪岩本名叫胡光墉,徽州人士,出身贫寒,很早就已经孤身出来闯荡。他先后在不少行业做过跑腿的工作,后来在杭州一家名为"信和"的钱庄当学徒,出师之后便成了钱庄里的一员正式伙计。

1842年的时候,杭州阜康钱庄的掌柜于某看上了机智灵活的胡雪岩,因为自己没有后代,故而在弥留之际就把所有的财产都留给了胡雪岩。这座价值不低于五千两银子的钱庄,可以说是胡雪岩踏入商海中的第一桶金!

胡雪岩是个非常聪慧而且极擅经营的人,他先是"仗义疏财"地结识了"候补浙江盐大使"王有龄,在王有龄的提携之下把生意做得越来越大。他曾趁着太平军攻打杭州的时候,从海上运了一批军火和粮米来接济苦战中的清军。因为这件事,胡雪岩得到了左宗棠的赏识,顺利搭上左宗棠这条线,不仅让阜康钱庄大获其利,自己也由此踏入官场,真正走上了官商之路。后来,胡雪岩又帮助左宗棠组建了"常捷军",并协助创办了福州船政局,成了左宗棠的左膀右臂。

那是胡雪岩最辉煌的一段时间,依靠左宗棠和湘军的权势,他将旗下生意进行了疯狂的扩展,除了增设阜康银号之外,还兼营药材、丝茶等生意。江浙一带几乎都成了他的天下,那时的胡雪岩堪称

> **知识链接**
>
> **钱庄**
>
> 钱庄产生于中国封建社会末期,是一种金融组织。钱庄最初以货币兑换为主,后来增加存款、放款和汇兑业务。
>
> 乾隆年间,钱庄已经较为兴盛。钱庄多分布于长江流域及江南的大城市里,但钱庄业中心在上海。
>
> 钱庄既有独资经营的,也有合资经营的,实行无限责任制。

"中国首富"。

当然,胡雪岩也没少帮左宗棠干事情,他被左宗棠提携去管理赈抚局事务,设立粥厂、善堂等,为老百姓做了不少实事,并帮助政府解决了战后财政危机等事务。也因为这些事情,胡雪岩名声大振,其名下各项产业的信誉度也有所提升。

胡雪岩这一生,辉煌的时候是真辉煌,富可敌国,而败落的时候也是真凄凉。胡雪岩的靠山左宗棠和李鸿章向来是不大对付的,虽然他们都是洋务派官员,但背后的明争暗斗却从来没有停止过。

李鸿章想要斗倒左宗棠,就得把他的左膀右臂给卸了,胡雪岩就这样成了李鸿章的眼中钉。1883

知识链接

破产的定义

破产是指债务人因不能偿债或者资不抵债时,由债权人或债务人诉请法院宣告破产并依破产程序偿还债务的一种法律制度。

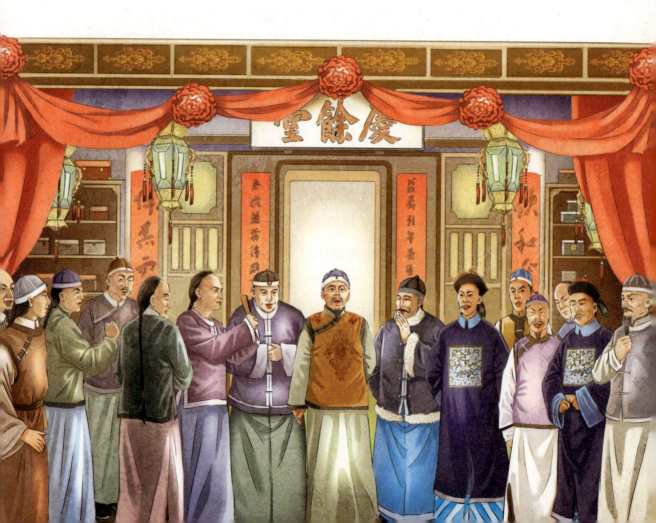

年中法战争爆发的时候,朝廷让左宗棠出战,筹措军饷的任务自然就落到了胡雪岩头上。趁着左宗棠不在,李鸿章的手下故意做手脚,通过政治方面的胁迫,对胡雪岩的生意进行了干扰。

历年来,为了帮助左宗棠筹措军饷,胡雪岩一直向外国银行贷款,这一次恰好到了偿还一笔八十万两巨款的时候,因为李鸿章手下的干涉,胡雪岩只得从自己的钱庄调集银钱去还款。结果,这边银钱刚调出去,那边李鸿章的手下立即鼓动不少大户到胡雪岩钱庄提钱,硬生生把胡雪岩逼破产了。

不久之后,沦为政治牺牲品的胡雪岩就在忧愤中死去了。

▲ 左宗棠

甲午战争

公元1894年,甲午年,请记住这一年,千万不要忘记。这一年发生了什么呢?

1894年,朝鲜发生内乱,朝鲜国王向清政府求救,希望帮助他们摆平内乱。清政府派出了1500余人前往朝鲜帮忙,这个时候,日本也跳出来了,表示要"保护侨民",于是主动派出了1万余人去朝鲜。

内乱平息之后,该撤兵了吧?但很显然,日本不想撤,不仅不撤,还打进朝鲜的王宫里去了,把国王也给抓了,强迫国王赶走清军,并"邀请"日军驻扎。清政府肯定不能服软啊,不过就是弹丸小国,

知识链接

胡雪岩帮忙打伞

胡雪岩早些年曾替东家四处讨债,有天突然下起暴雨,马上就要被淋湿了,这时有个陌生人跑来,为胡雪岩打伞,这让他很感动。

后来,只要胡雪岩有雨伞,下雨的时候他就帮助别人打伞。一段时间后,整条街的人都认识胡雪岩了,都夸他是个大好人。

竟敢如此猖狂？于是，双方正式撕破了脸皮。

清军在朝鲜的人数不多，既然撕破脸，估计得打一场，于是清政府赶紧派舰队送援兵去朝鲜。结果，这才刚到海上，就遭到了日军的突袭，中日之战正式拉开了帷幕。

清朝运送援兵的舰队里，有两艘军舰，"济远"和"广乙"，还有两艘运输船，"高升"和"操江"。日军前来突袭的舰队则全是战斗舰，实力差距较大。而且日军搞的是突袭，清军方面全无防备，这一交手就先吃了大亏，最终全军覆没。这个时候，朝鲜半岛上也开火了，没有援军，本就人数不多的清军只得一路败退到平壤。

9月17日，中日双方海军终于在黄海摆开阵势，一场殊死决斗即将展开，迎战日本舰队的，正是洋务运动中最令人骄傲的"果实"——北洋舰队。

很多人可能会觉得奇怪，这日本，小小弹丸之国，从前有事没事就来向中国朝贡，样样向中国学习，就连使用的文字都是从中国的汉字移植的，怎么现在就有勇气来挑事呢？

说到这啊，还得再提一提西方国家的坚船利炮。

很久以前，在日本眼中，中国大概就是最强大的国家了，地大物博，有着光辉灿烂的文明，因此日本人很崇拜中国，总希望能从中国学到新奇的知识和有用的技术。

后来，日本出现了洋人，出现了基督教和传教士，日本的统治者不喜欢这些洋人，对他们的宗教更是没有丝毫兴趣，于是直接下令把这些不速之客

> **知识链接**
>
> **清朝的改革为何失败**
>
> 面对19世纪中后期西方列强的殖民侵略，中日两国都进行了相应的改革，但是只有日本成功了。
>
> 中国的封建势力不愿损害其既得利益，只在经济和军事等方面进行改革，尽量不触及政治改革，提倡"中学为体、西学为用"；而日本则不同，他们全盘西化，并且很注重改革国家的典章制度和思想观念。
>
> **明治维新**
>
> 19世纪60年代末，在西方资本主义工业文明的冲击下，日本进行了由上而下、具有资本主义性质的全盘西化与现代化改革运动。

赶走了,而且还禁止日本人出国——如出一辙的闭关锁国。

一直到十九世纪中期的某一天,美国的舰队突然闯进了日本的港湾,提出要和他们通商。不久之后,英国的舰队也出现了。日本人吓坏了,他们第一次见识到这样的舰队,第一次听到这样令人胆战心惊的炮火声。同时日本人也兴奋了,他们仿佛打开了新世界的大门,疯狂地渴求着西方人的知识和科技。

不得不说的是,日本人的学习能力确实很强,他们成长得很快。当他们觉得自己已经足够强大的时候,他们开始效仿西方人,驾驶着自己的舰队去霸占一些地方,而邻居朝鲜就是他们的第一个目标。而朝鲜一直都是依附于中国的,中日双方就这样对上了,大战一触即发。

海上作战也要讲究阵法,单打独斗往往会让自己陷入绝境,只有合作才能在战场上活下来

之前说过，北洋水师的装备即便在世界范围内都是排得上号的，是清政府花费重金打造出来的"骄傲"。可令人意想不到的是，在关键时刻，这个"骄傲"居然掉链子了，而且还掉得十分丢脸。北洋舰队的旗舰"定远"号，刚刚发出第一炮，就把指挥台给震塌了，直接把站在指挥台上的总指挥丁汝昌给震得摔了下来受了重伤。没办法，舰长赶紧顶上来接着指挥作战，结果没想到，这信号系统也被打坏了，命令发不出去，没法子，只能各艘军舰随机应变，各自为战了。明明是一支舰队，却没有配合，没有统一的战术，不乱套才奇怪呢！

结果可想而知，在这场海战中，曾令人无比骄傲的北洋舰队不仅没能一战成名，反而迎来了惨痛而壮烈的牺牲。继而日军舰队完全控制了制海权，如入无人之境，并一举摧毁了北洋舰队基地。此后，日军在辽东半岛登陆，攻占旅顺之后，在那里进行了惨无人道的旅顺大屠杀。

这一年是甲午年，故而历史上将这场战争称之为"甲午战争"。

甲午战争失败之后，按照惯例，又一纸丧权辱国的条约压在了清政府头上，不但被勒索了巨额赔款，还被迫割让了辽东半岛、台湾和澎湖列岛，开放了通商口岸。这一条约是在马关签订的，所以就叫《马关条约》。

甲午战争的惨败无异于狠狠抽了洋务派官员一个耳光，轰轰烈烈的洋务运动至此宣告"破产"。这一结果实在令人唏嘘，他们不去追究失败的根源究竟是什么，他们不去追究为什么配备顶级的北洋水师竟会出现因保养不当、年久失修而状况频发的缘由，他们不去找出真正阻挡国家进步的原因，他们只叫嚣着"你看，这条路走不通"，然后再次开始又一轮的朝堂势力争夺战。

学习西方的道路真的走错了吗？当然不，看看日本，那就是一个活生生的例子。可同样是学习西方，为什么日本可以，中国却不行呢？不妨来看这样一个真实的例子：

有一名被清政府派遣到英国学习海军的留学生，他叫严复，在英国学习期间，他的成绩一直名列前茅；日本也有一位被派遣去英国学习的留学生，他的名字叫伊藤博文，他同样也很优秀，但成绩一直赶不上严复。很多英国教授都表示，这两位杰出的学生，日后一定前途不可限量。

学成归国之后，受到英国教授们大力赞许的严复并没有得到朝廷应有的重视，他被安排去做翻译工作，当然，他所翻译的书籍确实让人大受启发。而伊藤博文呢？回到日本之后的他成为内阁总理大臣。

▲ 严复

严复是中国近代著名的翻译家、教育家、新法家代表人物。

严复毕业于福建船政学堂和英国海军学校，曾担任过京师大学堂编译局总办、上海复旦公学校长等职务。

严复培养了近代第一批海军人才，翻译了《天演论》、创办了《国闻报》，将西方的政治经济学、哲学和自然科学等介绍到中国，提出了"信、达、雅"的翻译标准。他是中国近代史上"先进的中国人"之一。

所以，为什么同样是向西方学习，日本崛起了，中国却失败了呢？答案不言而喻。

壮志，被权力扼杀

十九世纪是一个变革的时代，全世界都发生了翻天覆地的变化。不需要人力就能呼啸而过的火车、不需要火焰就能照亮黑夜的电灯、能够留住你声音的留声机、能够把你的影像放到一张小纸片上的照相机……这一切在真实地出现在人们眼前之前，是很多人想都不敢想的，但它们最终都成了现实。世界在变革，在翻天覆地地变革。

然而，却也有人不想变，比如东方那个偌大的大清帝国，牢牢地掌握着国家权力的慈禧太后，以及那一众日日将"祖制""传统"挂在嘴边的保守派老顽固们。

甲午战争的失败和《马关条约》的签订让许多人如梦初醒。他们意识到，小打小闹的洋务运动是远远不够的，要想拯救国家，要想变得强大，真正需要的是一场变革，一场必须追上世界前进步伐的变革，否则我们终将被时代所抛弃。

最先公开表达这个想法的，是一个名叫康有为的读书人。他书读得很多，也很会讲话，常常引经据典，能把人辩得五体投地，所以很多认识他的人都戏称他为"康圣人"。

▲ 康有为

知识链接

马关条约

根据条约规定，中国割让辽东半岛（后因三国干涉还辽而未能得逞）、台湾岛及其附属各岛屿、澎湖列岛给日本，赔偿日本2亿两白银。中国还增开沙市、重庆、苏州、杭州为商埠，并允许日本在中国的通商口岸投资办厂。

《马关条约》使中国民族危机空前严重，半殖民地半封建化程度大大加深。

徒劳的救赎 | 壮志,被权力扼杀

古代的读书人大多都是有血性的,以匡扶社稷为己任,以辅佐明君为最高目标。康有为也同样如此,他有读书人的血性,被《马关条约》一刺激,就洋洋洒洒写了封陈情书呈递给光绪帝,史称"公车上书"。

康有为运气很好,他的这封陈情书居然还真的被光绪帝看到了。康有为说国家得改革,其中一条建议就是要成立一个国会,让老百姓投票选出国会成员,然后让这些人来共同决定国家大事。在当时,这个建议可以说是相当胆大妄为的,真要成立这么一个国会,那不相当于是削弱了皇帝的权力吗?这皇帝的权力削弱了,那皇室的权力、贵族的权力必然也要削弱啊,哪个皇帝和贵族会愿意?但令人意外的是,光绪帝还真的愿意,而且对康有为提出的种种建议都觉得非常欣赏,

"公车上书"标志着维新变法思潮已发展为爱国救亡的政治活动,康有为从此取得了维新运动的领袖地位

立马就召见了他，要和他共商改革大计。

其实，光绪帝的反应也并非全然不能理解，要知道，虽然坐在龙椅上的皇帝是他，但当时真正掌控着朝政大权的，却是他背后的慈禧太后。换言之，光绪帝从来都不是那个真正掌握着生杀大权、说一不二的君主，所以即便真的成立这么一个国会，削弱的皇权也并不是他手中的皇权，而是慈禧太后手中的皇权。

要改革，那就需要人手，康有为就把梁启超，以及梁启超的好友谭嗣同都叫来了，大家一块商量怎么改革。梁启超和谭嗣同都是热血的小年轻，书生意气，迫切地渴望着为国家做贡献，让国家变得强大。那个时候的光绪帝其实也同样如此，怀揣着满腔热血，渴望能做出番惊天动地的大事业。

很快，改革计划就敲定了，光绪帝做事也非常快，短短的一百多天里，连续下达了一系列改革命令：

废除八股文；

没收庙产，改建成学校；

裁撤不必要的机构；

罢免众多顽固守旧派大臣；

要求全军配备新式武器；

送贵族出国开开眼界……

这些命令下来，一条比一条犀利，一条比一条令人心惊，这怎么能行！废除了八股文，那些一辈子研究八股文、指望通过科举考试改变命运的读书人怎么办？庙产被没收了，和尚、道士、信徒何去

知识链接

国会

国会也称议会，是资本主义国家的立法机关。国会起源于中世纪英国的封建等级代表会议。17世纪，英国举行资产阶级革命后，正式确立了议会制度，后来美国、法国等西方国家相继采用此制度。

▲ 晚清的朝靴

何从？裁撤机构就意味着要裁撤官员，没了"工作"这些官员怎么办？顽固守旧派势力遭到排挤，怎么可能不反击？全军配备新式武器，谁出钱？

总之，一桩桩，一件件，损害了不少人的利益，尤其是那些手握权力、身居高位的皇亲贵族和朝廷大臣，怎么也不可能乖乖就范。于是，许多大臣开始轮班去找慈禧太后哭，边哭边骂康有为、梁启超等人多么可恶。毕竟骂皇帝那是大逆不道的，所以只能骂"蛊惑"皇帝的人了。

> 知识链接

皇权

皇权指在中央集权的君主专制下皇帝对全国土地和财富等的控制权。

在封建时代，皇权是国家最大的权力，体现为皇帝的独断专权。

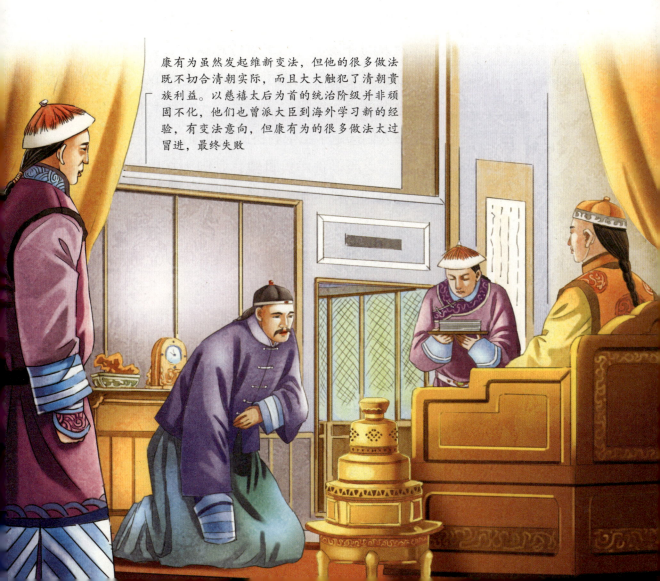

康有为虽然发起维新变法，但他的很多做法既不切合清朝实际，而且大大触犯了清朝贵族利益。以慈禧太后为首的统治阶级并非顽固不化，他们也曾派大臣到海外学习新的经验，有变法意向，但康有为的很多做法太过冒进，最终失败

▲ 梁启超

梁启超是中国近代著名的思想家、政治家、教育家、史学家、文学家。

梁启超的研究涉猎广泛，在哲学、文学、史学、经学、法学、伦理学、宗教学等方面均有建树。

在梁启超看来，夫妻要相互忠诚，反对移情别恋。民国十四年（1925年），徐志摩和陆小曼结婚，他们请梁启超出席证婚。当时徐志摩和陆小曼各自都有家庭，梁启超反对他们"使君有妇""罗敷有夫"的移情别恋，本不想参加证婚，但徐志摩之父和胡适出面相请，梁启超只得答应。但在婚礼上，梁启超严厉批评了徐志摩、陆小曼的用情不专，满堂宾客都瞠目结舌。徐志摩只得哀求："先生，给学生留点脸面吧。"梁启超最后说："希望这是你们两个这辈子最后一次结婚。"

一开始，慈禧太后也没怎么管光绪帝，她根本不担心，这实权都在自己手里，光绪帝能做的也就是下几道圣旨，宣布几道命令，这能不能落到实处，最终不还得太后一句话吗？所以慈禧太后并不着急。但看着光绪帝和他手下那一众读书人越闹越欢腾，慈禧太后也不高兴了，直接把光绪帝叫来痛骂了一顿，甚至威胁要把他的皇位给废了。光绪帝大惊失色，他很清楚这位太后的"心狠手辣"，自己这皇位怕是岌岌可危了。

自古以来，这谁说了算，归根结底不还是得看谁拳头大吗！于是，光绪帝决定要给自己找个实力强大的外援，一起来对付慈禧太后。他把自己的想法和康有为等人说了，大家一起商议，该去哪里找这个外援。商量来商量去，小皇帝和他手下这些读书人们选定了工部右侍郎袁世凯。

之所以选中袁世凯，是因为在康有为等人发动"公车上书"之后，袁世凯自己也曾向光绪帝上过书，说变法的事情。而且在变法运动过程中，袁世凯也一直表现出积极的支持态度，所以光绪帝和康有为等人都认为，他是支持变法的。一个支持变法手上又有兵的人，很显然就是他们急需拉拢的对象。

袁世凯是个非常工于心计的人，和那些一腔热血的愣头青不同。虽然他是坚定的变法派，但对于是否真要响应光绪帝的号召，直接和慈禧太后对着干，袁世凯还没有拿定主意。毕竟太后和皇帝之间的实力差距实在太大，而他能掌握在手上的力量也不足以弥补这个差距，因此袁世凯决定先观望观望。

然而，还没等袁世凯下定决心，慈禧太后就开始有动作了。光绪帝的"反抗"激怒了这个杀伐果决的女人，她立即召集她的党羽，将光绪帝囚禁了起来，并下令将所有参与变法的人都逮捕归案。康有为和梁启超一早得到消息之后就逃跑了。谭嗣同却没有走，他告诉大家：这但凡是变法，都会有牺牲流血，那么为变法而流的血，就从我谭嗣同开始吧！

轰轰烈烈，寄托着无限的希望与热血的变法就这样匆匆结束了。这场变法，前后一共只有一百零三天，因此历史上称之为"百日维新"。这一年是公元1898年，戊戌年，故而此次终结变法的政变又被人们称之为"戊戌政变"。

知识链接

工部侍郎

工部侍郎是明清两朝工部的副长官，明代正三品，清代从二品。

工部是管理全国工程事务的机关，凡是全国涉及土木、水利工程，机器制造工程，矿冶、纺织等官办工业，都在其管辖范围内，另外还主管一部分金融货币和统一度量衡事务。

八国联军的暴行

在清朝数次战败并签不平等条约之后,外国人尝到了和清朝打仗的"甜头"。他们实在太喜欢这个"游戏"了,只要举着武器跑到这个东方大国耀武扬威一番,几乎不需要花费多少力气,就能从这片富饶的土地上拿到数不尽的珍宝。

这种有好处可瓜分的消息总是传得最快的,一个接一个的国家接连踏上了这块肥沃的土地,手里握着利刃,贪婪地比画着,想着要将哪一块"肉"切割下来,纳入自己的囊中。英、美、法、德、俄、日、意、奥,他们都来了,虎视眈眈。

跟随坚船利炮而来的,还有大批西洋传教士,他们为自己的宗教服务,希望能让全世界的人都信仰他们的神。很多传教士认为,中国是个落后的地方,需要上帝的救赎。于是,端着一种高高在上的施恩者心态,他们试图让中国的老百姓"开化",投入他们主的怀抱。这其中还有很多坏教徒,他们如同强盗恶霸一般,仗着有西洋传教士的撑腰,肆意地侵占他人的财产,欺凌百姓。因为这些种种缘由,很多中国老百姓都非常痛恨西洋人。

慈禧太后其实也不喜欢洋人,恨不得将他们统统赶走,她是高高在上的皇太后,可这些洋人对她

知识链接

戊戌六君子

"戊戌六君子"指谭嗣同、康广仁、林旭、杨深秀、杨锐、刘光第。

谭嗣同曾作诗句:"有心杀贼,无力回天。死得其所,快哉快哉!"

康广仁是康有为的弟弟,本来不应该死,因为康有为外逃,慈禧便抓他顶罪。康广仁在狱中"言笑自若",并说:"今八股已废,人才将辈出,我辈死,中国强矣。"

林旭为报光绪帝知遇之恩,向慈禧太后力谏,保存光绪。最后惹怒慈禧,被掷入狱,英勇就义。

杨深秀本来没有被捕,见五人下狱后向慈禧求情。杨深秀正直不阿,竟要求慈禧将权力交还光绪帝,最后也被捕遇害。

杨锐是举人出身,变法主张较为切合实际,攻击康有为"多谬妄"。戊戌政变时被捕,张之洞营救不及,被害。

刘光第在刑部供职十余年。当时刑部受贿成风,刘光第却从不接受,而且办事十分谨慎,一丝不苟。

总是缺乏敬意,他们似乎更喜欢同光绪帝打交道。

这时,慈禧太后听说民间兴起了一个神秘组织,叫做"义和团"。这个组织和以往的农民起义不同,他们打出的口号是"扶清灭洋"。他们十分憎恨洋人,不屑于使用一切洋人制造出来的东西,恨不得把所有的洋人都斩尽杀绝。慈禧太后还听说,这个神秘组织里的人都有些本事,会念咒,会法术,只要一施法,就能刀枪不入,根本不怕洋人的炮弹。这些信息让慈禧太后欣喜万分,她琢磨着,可以利用义和团来打击洋人,自己则坐收渔翁之利。

慈禧太后这边想着要算计洋人,洋人那边也一直在琢磨着怎么找机会再挑点事,好继续从清政府那里拿好处。义和团的出现正是一个契机,慈禧太后将其看作是自己的助力,而洋人呢,则把它当作是找碴的借口。

义和团恨洋人,所以经常打击洋人的"窝点",比如教堂、教会之类的。于

是这些外国人赶紧趁机跳了出来，纷纷表示说为了保护自己国家的侨民，必须得派兵过来，以免义和团再伤及他们的人。

哪有这样的事啊？你把你的军队调集到我的国家，那我不是危险了吗？慈禧太后当然不乐意，可是没法子，人家军舰一停，武器一举，不同意也得同意。于是，慈禧太后只得咬着牙点头同意了。

在英国海军中将西摩的带领下，八国的联军大摇大摆地朝着北京来了。正当他们志得意满，春风满面地以为马上就能顺利进入北京城之际，义和团的人突然跳出来搞突袭，打得联军猝不及防，西摩狼狈地率领军队又退了回去。

在与义和团交手的第一个回合失败后，联军相当愤怒，他们直接占领了大沽炮台，气势汹汹地又杀了过来。这回没法子了，想躲也躲不过，况且还有义和团呢！这么想着，慈禧太后硬气地宣布要和这些国家开战。是的，你没看错，慈禧太后宣战了，而且是一次向八个国家宣战。

慈禧太后心里有自己的小算盘，她琢磨着，到时候就让义和团出面去和洋人打，要是打不过，那就把责任都推给义和团，然后撇清关系；要是打赢了，把洋人赶跑，那自然是皆大欢喜；即便最终谁也没能灭掉谁，要是能战个两败俱伤，那也是件大好事。

慈禧太后为自己的机敏感到非常满意，她颁布了一份招抚义和团的圣旨，并在圣旨中大力吹捧他们是"义民"，鼓励他们去打洋人。暗地里她又悄悄嘱咐军官，让他们躲在义和团后头，尤其是打仗

知识链接

传教士

传教士多指西方传播基督教的人士。传教士坚定地信仰宗教，他们千里迢迢向不信仰宗教的人传播宗教。

为扩大宗教的影响力，大部分宗教都安排传教士进行传教。

徒劳的救赎 | 八国联军的暴行

的时候，不能让洋人看到他们，以免被认出来。

这一次，他们交火的战场主要在天津。义和团的人很勇猛，手持大刀长矛，却不惧怕洋人的枪林弹雨。清军原本是遵照慈禧太后的吩咐躲在义和团背后的，但一些爱国将领因义和团的勇猛而受到鼓舞，恨不得身先士卒地冲到战斗最前线。就在这个时候，北京城里的义和团势力也纷纷展开行动，对各国的大使馆和教堂发起攻击，打死了不少人。

虽然义和团相当勇武，把不怕死的精神发挥到了极致，但血肉之躯又怎么可能挡得住八国联军的枪炮呢？在激烈的战斗之后，天津最终还是被八国联军控制了，而北京也跟着沦陷到了他们手中。这些强盗压着一股火气，气势汹汹地冲进

义和团成员用朱砂在黄纸上面画符，把黄纸烧成灰和在水里，喝下符水，然后义和团的成员个个都精神亢奋，认为自己真的刀枪不入，就一心打仗，勇往直前

北京城，进行了整整三天的烧杀抢掠。

北京城里几乎所有的宫殿、王府及官署都没能逃过一劫，包括紫禁城和颐和园在内，均被劫掠一空，遭受了空前的破坏。

至于那位硬气宣战的慈禧太后，早已经在八国联军攻进北京城之前，就带着光绪帝逃跑了，躲去了西安。

为了尽快摆脱这些麻烦和危险，慈禧太后又把李鸿章推了出来，让他去向洋人求和。李鸿章也很可怜，上一次的《马关条约》就是他出面去签的，因为那一纸条约，他差点被天下读书人的口水淹死。现在，他又不得不再一次重复这种屈辱。可是有什么办法呢？国家没有强大的实力，没有硬气的资本和底气，作为臣子的他又怎么直得起腰板？

1901年，中国的辛丑年，一纸丧权辱国的《辛丑条约》签订了。至于那个被慈禧太后利用了一把的义和团，显然早已成了弃子，并且，按照《辛丑条约》规定，清政府还得替洋人去严惩他们呢！

闯关小测试

1. 建立轮船招商局的清朝大臣是（　　）
   A. 曾国藩　　B. 李鸿章　　C. 张之洞

2. 胡雪岩能成为红顶商人，得益于（　　）的帮助
   A. 左宗棠　　B. 慈禧太后　　C. 李鸿章

3. 义和团提出的口号是（　　）
   A. 扶清灭洋　　B. 除清灭洋　　C. 平均地权

参考答案：1.B　2.A　3.A

帝制的终结

在辛亥革命的大势下，野心家袁世凯与革命者联合逼迫清政府退出了历史的舞台。这一举动不仅意味着清政府的覆灭，更是象征着中国帝制王朝的终结。虽然袁世凯很快复辟，但是帝制早已不得人心，任何开历史倒车的行为都将面临失败。中国人民将伴随着历史的车轮不断向前坚定地前行。

野心家袁世凯

对袁世凯这个人，人们有过很多称呼：借用祖籍地，称他袁项城；以清朝"太子少保"头衔，称他袁宫保，在当上大总统之前，这个称呼是袁世凯最喜欢听到的；登上大总统之位一直到被迫退位期间，他常被叫作大总统，在新中国成立之后，他的长子袁克定提起他时依旧称"先大总统"；自1916年1月1日到3月22日，83天的时间里，他又被称为洪宪帝；而从民国一直到新中国，在历史教科书里，他则被称为"窃国大盗"。

> **知识链接**
>
> **漕运总督**
>
> 古代运河一项重要的功能就是转运粮食，即通常意义上的漕运。
>
> 京杭大运河贯穿祖国的南北，航道治理的重要性日益凸显。为保证漕运的顺利进行，明清政府便设立了专门的管理京杭大运河的机构——漕运总督。

袁世凯出生于河南项城的一个大家族,是典型的官二代加富二代,他的叔祖袁甲三官至漕运总督,他的父亲袁保中则是大地主豪绅,家里有钱又有权。袁世凯从小就喜欢读兵法,梦想就是做个大将军,经常在人前自夸,说只要给他十万兵马,他就可以横行天下了。

袁世凯这人有野心也有本事,不过大概不是读书的料,他年轻的时候曾想通过科举给自己博个功名,可惜努力了好几年都没能考上个正经功名,这大约是他一生中最遗憾的事情之一。

虽然读书不成器,但袁世凯这个人情商很高,待人接物方面做得很好,按俗语说的就是特别"会来事"。孙中山就曾评价过袁世凯说:"袁世凯真能办事,气度也不凡;虽然习惯于玩权术使诈,但也是迫于时事,不得不这样。"他还曾对别人详细描述过和袁世凯见面时候的感觉:"跟他刚一见面,他是至诚至真的样子;进一步谈,你会发现他话中有锋芒,眼光四射,一般人是窥探不到他的真心思的。我是心中存疑,所以也以一派城府相对。等到日后看他做的事情,全跟说的不一样。他真是一个魔力惑人的命世英雄啊!"

可见,袁世凯的确聪明有城府,心思很深。

1882年的时候,朝鲜发生内乱,向清朝求援。那一年,袁世凯本来还打算再接再厉地参加科举考秀才,但知道这个消息之

> **知识链接**
>
> **科举**
>
> 科举指通过考试选拔官吏的制度。因为采用分科取士的方法,所以称作科举。
>
> 从隋朝正式开始实行,至清朝光绪三十一年(1905年)举行最后科举考试后寿终正寝,科举制度共经历了1300多年。

▼ 袁世凯银元

后却改变了主意，转而跟着吴长庆的部队往朝鲜去了，这个决定改变了他一生的轨迹。

或许袁世凯生来就是上战场的料，科举屡试不第的他上了战场就完全不一样了，勇猛非常，一路冲在最前头。那些跟着袁世凯的兵都被他的坚毅勇敢挑起了满腔热血，跟着袁世凯就往前冲，很快就平定了兵变。事情结束后，吴长庆给袁世凯报了首功，这机缘巧合之下，袁世凯还真就一步步走上了儿时所梦想的那条路。

从朝鲜回到北京之后，袁世凯就得到了个道台的官位，负责管辖温州和处州两府。当时担任军机大臣的是翁同龢、李鸿藻和荣禄，李鸿藻非常器重袁世凯，当时荣禄和他是一派，自然也对袁世凯有所关照。后来，袁世凯被监察御史胡景桂弹劾的时候，是荣禄出面周旋，才帮袁世凯扭转局面，变罚为赏。经过这事之后，袁世凯感念荣禄的恩情，两人的关系也变得越来越好。

在甲午战争失败后，举国上下掀起了维新变法的浪潮，袁世凯上书光绪帝，提出西法练兵的主张，得到光绪帝的批准，到天津小站编练新军，成为北洋军阀的始祖。那时候袁世凯和康有为关系不错，甚至已经到了称兄道弟的地步。袁世凯对西方的制度律法也非常了解，不比康有为差，他心里也一直都是支持变法的。袁世凯甚至自己也曾给光绪帝上过书，表达了自己对变法的支持和意见，袁世凯认为，只有采用西法，彻底改弦更张，把朝廷用人、理财、军事、经济、外交等方面都进行一个全面的大改革，

> **知识链接**
>
> **情商**
>
> 情商简称EQ，即情绪商数，指人在情绪、意志、耐受挫折等方面的品质。人与人的情商先天差别不大，更多的则取决于后天的培养。
>
> 通俗地讲，情商是可以通过训练逐步提高的。提高情商就是把不能控制的情绪转变为可以控制的情绪，从而增强理解他人和被他人理解的能力，增多合作的机会。

才能真正达到"救国""强国"的目的。

1898年,袁世凯被朝廷升任为工部右侍郎,奉旨入京觐见光绪帝,结果被卷入了光绪帝和慈禧太后的纷争。当时,光绪帝和康有为等人力图拉拢袁世凯,让他领兵包围颐和园,控制慈禧太后,然后把慈禧太后的宠臣荣禄给杀了。袁世凯表面上答应得相当干脆,但心里其实是不太看好光绪帝和康有为一干人等的,而且,他和荣禄关系好,怎么也不可能把他给杀了。于是,袁世凯打算观望观望再说。

这一观望,还真出了岔子,没等袁世凯做出决断,慈禧太后就先一步拿下了光绪帝,维新运动宣告破产。袁世凯一看,结果已定,为了避免被牵连,赶紧跑去找荣禄,把光绪帝和康有为等人的"阴谋"给告发了。因为他的当机立断,加上荣禄的帮助,袁世凯很快就得到了慈禧太后一党的信任,地位扶摇直上,次年就被封了山东巡抚。

1901年李鸿章死后，袁世凯接替了他的职务，受命署理直隶总督兼北洋大臣，此时的他与过去早已不可同日而语了，手中的权势也进一步得到扩张。后来，北洋集团的势力实在太大，甚至威胁到了满族的亲贵集团势力，皇室亲贵开始煽动御史弹劾袁世凯。1906年，袁世凯急流勇退，主动放弃了对北洋集团势力的掌控。

1908年，光绪帝和慈禧太后相继病死，宣统帝溥仪上位，其生父载沣为摄政王。载沣非常痛恨袁世凯，他一直怀疑当初光绪帝之所以被慈禧太后先发制人地拿下，是因为袁世凯背地里出卖了维新派。所以载沣一上位，立马就把袁世凯所有的职务都解除了。袁世凯也不笨，知道载沣对他的敌意，赶紧称病回乡，避开了载沣。之后一段时间，袁世凯一直韬光养晦，并在暗地里注意着朝廷的动向，等待复起的机会。

▲ 袁世凯

1911年10月10日，武昌起义爆发，此时的清政府只能依靠北洋军来与起义力量相抗衡了，袁世凯终于等到了这个让他复起的机会。此时清政府主要的军事力量几乎都掌握在了袁世凯一人手中，为了尽可能减少伤亡，实现和平统一，以孙中山为首的革命党人跑来找到了袁世凯，跟他说，只要他愿意站在革命的一边，推翻清政府，就让他做大总统，唯一的条件就是保证坚持共和体制。

袁世凯答应了，之后的一切顺理成章，清帝退位，组建中华民国，选举临时大总统。但袁世凯是个典型的旧式人物，迷信、封建，虽然思想上似乎比同

知识链接

袁世凯当时有多少兵力

光绪帝准备发动政变时，袁世凯手中的兵力仅仅七千人，但荣禄在北京驻扎了九万精兵，并且慈禧已经预谋要废掉皇帝。维新派错估形势，即便袁世凯带兵响应，以七千对九万，这次政变也是凶多吉少。

▲ 载沣

时代的很多人都开放一些,但根骨里还是守旧的。他总觉得,自己当上大总统,这份基业就是他拼来的,他想把这份基业稳稳当当地传到儿子手上,最好能世世代代地传下去。于是,他干了件特别蠢的事——复辟,导演了一出可笑的"洪宪大戏"。

1916年3月,在全国人民的反对和声讨中,复辟仅仅83天的袁世凯被迫宣布取消帝制。6月6日,袁世凯病故。

拯救中华

洋务运动时期,为了学习西方先进的科学技术,许多孩子被分批送往欧洲多国留学,接受西式教育,成为中国最早期的公派留学生。在当时,除了政府的公派留学生之外,沿海地区的许多居民,由于出洋谋生,通常也会将家中子弟带去国外求学,这就形成了当时民间留学生的团体。孙中山就是民间留学生中的一员。

孙中山是1879年跟随母亲一起去檀香山的,后来在长兄孙眉的资助下先后在檀香山、广州、香港等地比较系统地接受了西式教育。1883年的时候,孙中山离开檀香山回了中国,国外的繁华和祖国的贫穷形成了鲜明的对比,这让孙中山感到非常郁闷且不满。

他想,这里急需一场变革。于是,他和几个同

> **知识链接**
>
> **孙中山访问载沣**
>
> 清朝灭亡之后,孙中山突然造访醇王府。让人吃惊的是,孙中山居然对载沣赞扬了一番。
>
> 孙中山认为,载沣能看清局势,主动辞去摄政王,这是爱国的行为,非常有政治远见;载沣将国家和民族利益放在家族利益的前面,也是很难得的。

村好友结成一党,把村里北帝庙的神像给毁了,号称是要"破除迷信"。

古代的老百姓是非常相信神佛的,一看孙中山他们这群熊孩子居然做出这样的渎神行为,村民们都愤怒了,各种咒骂。没办法,犯了众怒的孙中山只得灰溜溜地又跑香港去了,惹不起也只能躲了。

到香港之后,孙中山就去了香港西医书院上学,于1892年顺利毕业。毕业之后,孙中山没有回乡,而是在广州和澳门一带进行活动,一边帮人看病,一边秘密结社,准备创办一个革命团体,帮助贫穷落后的祖国进行改革。

虽然说要革命,但其实这个时候的孙中山对清政府还是存有一些期望的,他

▲ 孙中山

给直隶总督兼北洋大臣李鸿章上了一封书，向他阐述了自己的改革想法和强国方案。但很可惜，李鸿章根本就没理他。孙中山觉得很愤怒也很失望，对清政府仅余的一点幻想也消失殆尽了。

1894年，孙中山前往檀香山，寻求海外华人的支持，并迅速创建了革命组织兴中会，以"驱除鞑虏，恢复中国，创立合众政府"为口号和入会誓言。孙中山明白，想要革命，有两项条件是离不开的，一是钱，二是人。因此在兴中会成立之后，孙中山就一直忙着干两件事：募集资金以及操练士兵。

中日甲午战争失败后，1895年，孙中山返回香港创立了兴中会总部，并计划在广州进行起义。可没想到，这头一次组织起义实在没经验，起义的队伍都还没准备好呢，事情就败露了。为了避祸，孙中山只好又跑出国，然后继续在海外华人那里宣传自己的革命思想。

1896年，逃到伦敦的孙中山被清朝驻英国的公使馆秘密逮捕，孙中山偷偷把这个消息传了出去。英国媒体大肆报道，引起了当地政府和公众的强烈抗议。无奈之下，清公使馆只得不甘不愿地释放了孙中山。

之后的一段时间里，孙中山学乖了，天天泡在大英博物馆看书学习或赴欧美各国考察。在那段时间，孙中山思考了很多问题，系统地总结了自己的革命目标与思想。他的民族主义、民权主义和民生主义的三民主义思想就是在那段时间逐渐形成的。

在清政府与八国联军签下《辛丑条约》之后，

知识链接

孙中山弃医从政

孙中山精通医术，他每天都能给很多人看病。但他认为医术只能救极有限的人，而革命却能救很多人。所以，他决定弃医从政，创立改革团体，为推翻晚清政府而不遗余力。

越来越多的仁人志士意识到，要想救国，就得革命！当革命组织正在蓬勃发展的时候，内外交困的清政府也意识到了自身的窘境，为了缓和矛盾，收买人心，清政府开始相继推行新政和"预备立宪"。这一举措确实"欺骗"了不少人，很多依旧对清政府心存幻想的人又重新燃起了希望，以为依靠这些改良政策就能挽救清王朝的颓势。

清政府的策略未能阻挡革命组织的蓬勃发展，此时的中华大地上已经遍布了许多的革命团体，比如长沙的华兴会、上海的光复会、湖北的群治学社、武昌的科学补习所、上海的爱国协会、江西的易知社、南京的强国会以及安徽的岳王会等。其中，影响最大的就是由黄兴等人所建立的华兴会和蔡元培等人所建立的光复会。

这些革命组织独立运作，力量都不算大，但如果能将他们全部集中起来，成立一个全国性的革命组织，那么是完全有可能与清政府展开抗衡的。孙中山意识到这一点之后，就立刻从欧洲返回，试图与这些革命组织的负责人们取得联系，共商革命大计。他首先拜访了黄兴，在与对方达成一致意愿之后，又相继拜访了宋教仁和陈天华等人。

在孙中山的努力之下，一个全国性的革命组织——中国同盟会成立了，并确立了组织的十六字纲领："驱除鞑虏，恢复中华，创立民国，平均地权。"孙中山被众人一致推举成为中国同盟会总理，组织总部设在日本东京。自此之后，全国分散性的革命力量终于汇聚到了一起。

知识链接

孙眉

孙眉是孙中山的哥哥。孙中山要创建革命队伍，得到了孙眉给予的物质、精神上的帮助。孙眉对孙中山的革命活动起到了非常重要的作用。

孙眉后来参加革命，活动于广州湾和香港两地，组织发起反清运动。

檀香山

火奴鲁鲁也称檀香山，是美国夏威夷州的首府和港口城市。在当地方言中，火奴鲁鲁指"屏蔽之湾"或"屏蔽之地"。由于该地盛产檀香木，又大量运到中国，所以被称作檀香山。

▲ 中国同盟会员证章

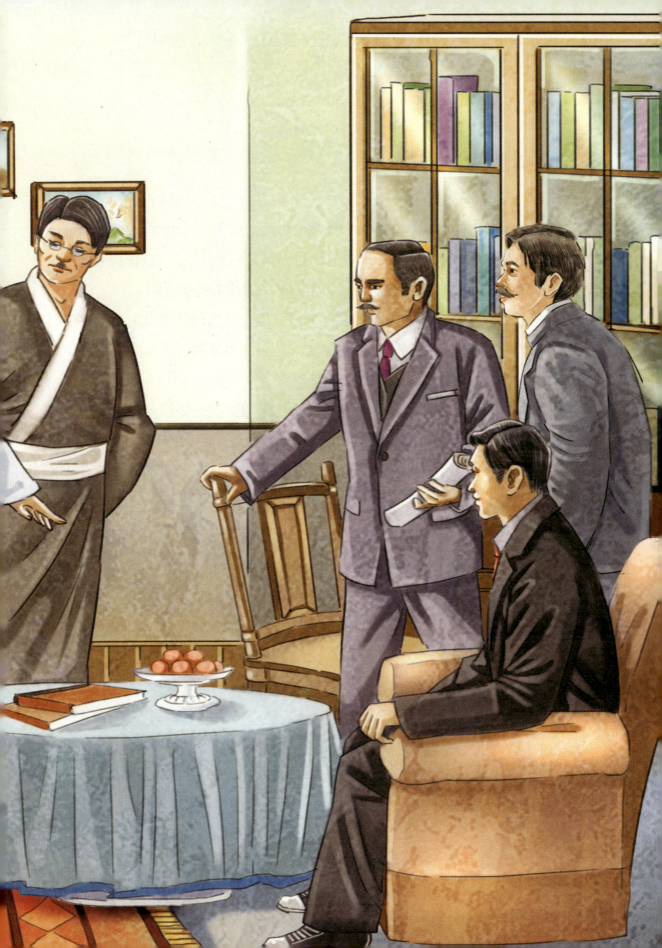

壮士的鲜血

在浙江省绍兴市的名仕苑里,有一处雕像,两个男子,一个女子,站得笔直,矗立在青山绿水之间。你如果上前询问,会有人告诉你,这处雕像名为"鉴湖三杰",纪念的正是三位用鲜血铺就了中国革命之路的英豪人物。

其中的那名女子有个非常好听的名字——秋瑾。她祖籍浙江山阴,出生在福建云霄县城的紫阳书院。她有个开当铺的丈夫,名叫王廷钧,还有两个孩子。她是个颇具才情的女子,而且胆子很大,和当时许多女子都不太一样。

对于生活在封建社会的大多数女子而言,相夫教子便是她们一生的目标和任务,但秋瑾不一样,她有丈夫也有孩子,可她并不满足于自己的生活。1904年,在丈夫的强烈反对之下,秋瑾依然鼓起勇气,自费东渡日本去留学,她渴望见识

更大的世界,见识更多的东西。

在日本,除了学习到许多的科学知识以外,秋瑾还接触到了许多先进的思想——革命、女权——这是她在中国从来都不曾接触过的东西。她还结识了许多仁人志士,如鲁迅、黄兴、陈天华、陶成章、宋教仁。正是在那个时候,这个美丽而勇敢的女子毅然投身革命事业,一点点打破了封建礼教禁锢在她心灵上的枷锁。

在日本,秋瑾做了很多事,创办《白话报》,参加洪门天地会,提倡女权……她以"鉴湖女侠"等笔名,在杂志上发表了许多文章,抨击封建制度的丑恶,号召革命救国,宣传女权主义。她用笔和灵魂不断地呐喊着,渴望让那些同样被封建礼教所禁锢的女子能挣脱枷锁,解放思想。

从日本回国之后,秋瑾加入了国内的革命组织光复会。在孙中山统一国内革命力量,成立中国同盟会之后,秋瑾也加入了中国同盟会,并被大家推选为评议部评议员和浙江主盟人。才华横溢的她曾慷慨激昂地写下了许多革命诗篇,读之令人动容。

在选择踏上革命这条道路时,秋瑾就从来没想过退缩,为了理想,她不惧生死,化身为真正的勇士。她最担心的,就是自己走上这条路可能会给家人招致灾祸。

1906年的秋冬之间,秋瑾终于鼓起勇气回了一次家,为创办《中国女报》筹措了一些经费,并就此声明与家庭脱离关系。她不惧生死,却也不希望连累亲人、丈夫和子女。

▲ 黄兴的书法

知识链接

女权主义

女权主义也称女权运动。除了对社会关系进行批判,很多女性主义者也着重于性别不平等的分析以及推动争取妇女的权利、利益运动与其他议题。

知识链接

《满江红·小住京华》

1903年中秋节,八国联军入侵后不久,秋瑾目睹国家的危难和清朝的腐败,愤然而作:

小住京华,早又是、中秋佳节。为篱下、黄花开遍,秋容如拭。四面歌残终破楚,八年风味徒思浙。苦将侬、强派作娥眉,殊未屑!

身不得,男儿列,心却比,男儿烈。算平生肝胆,因人常热。俗子胸襟谁识我?英雄末路当磨折。莽红尘,何处觅知音?青衫湿!

1907年7月6日,徐锡麟在安庆起义失败后,秋瑾也被牵连其中。14日,清军包围大通学堂,逮捕了秋瑾。15日凌晨,秋瑾英勇就义。

徐锡麟也是"鉴湖三杰"之一。

他出生在浙江绍兴的一个名门望族,父亲是秀才出身,当过县吏,家里有钱又有地,算是个"富二代"加"官二代"。徐锡麟也是个挺有出息的人,1901年,他做了绍兴府学校的算学讲师,得到了知府的重用,没多久就升官做了副监督。

1903年的时候,徐锡麟去日本参观大阪博览会,让他意想不到的是,在博览会上,有一件展品,居然是中国的古钟。

对于日本这种"强盗"般的行为,徐锡麟感到十分恼怒,可又有一种难以言喻的无奈与悲伤,国家不强大,除了任人欺负又能如何呢?

不久之后,徐锡麟结识了陶成章和钮永建等革命党人,在他们的影响之下,徐锡麟的思想也发生了巨大转变。他意识到,将拯救中国的希望放在清政府身上是不明智的,不痛不痒的改良治标不治本,唯有革命才是救国的唯一路径!坚定了这一信念之后,徐锡麟正式成为了光复会的一员。光复会一开始是主张以暗杀和暴动等手段进行革命的,行事手段较为激进,在加入光复会之后,徐锡麟就与陶成章等人一同创办了大通学堂,以帮助组织招揽并培训人才。

搞革命从来不是件容易的事,单靠杀几个人,组织几场暴动,是不可能改变社会,改变中国的。

徐锡麟等人逐渐认识到了这一点，他们开始产生"以术倾清廷"的思想，并决定用捐官的方法打入敌人内部，掌控军权，要是计划能成功，显然比暗杀、暴动要有用得多。打定主意之后，徐锡麟便拿钱财给自己捐了个道员。

徐锡麟是个聪明人，有些本事，家里在官府中也有一些关系，因此很快就谋到了个官职，并得到安徽巡抚于库里·恩铭的重用，做了安徽巡警处会办兼巡警学堂会办。虽然身在官场，但徐锡麟的心一直是坚定不移地站在革命阵营的。

1907年2月，徐锡麟和秋瑾约定好，同时在皖、浙举行武装起义。原本起义的时间定在7月19日，可没想到的是，起义还没开始，就有一个同伴被清军抓到了，还供出了不少相关的信息。无奈之下，徐锡麟只得提前举事。

7月6日，徐锡麟刺杀安徽巡抚恩铭，并率领学生起义。此后，徐锡麟等人攻占了军械所，与清军激战4小时后失败被捕，慷慨就义。徐锡麟的弟弟徐伟被逮捕审问，供词里牵涉到了秋瑾。

"鉴湖三杰"中的第三位就是陶成章。

陶成章是光复会的创始人之一，从小就立志要反清复汉，为了实现这一理想，他曾经两次赴京，想要刺杀慈禧太后，可惜都没能成功。后来他便只身去了日本学习军事，回国后就积极投入了革命活动。

1904年，陶成章和蔡元培、龚宝铨等人在上海创立了光复会，以"光复汉族，还我山河，以身许国，

▲ 于库里·恩铭

于库里·恩铭是清朝官吏，清末主张新政的重要角色。庆亲王爱新觉罗·奕劻的女婿。

他是举人出身，先后担任太原知府、山西按察使、两淮盐运使、江苏按察使、江宁布政使，1906年被提拔为安徽巡抚。

1907年7月6日，他在安庆巡警学堂举行毕业典礼检阅学生时，被光复会会员徐锡麟开枪打死。

功成身退"为宗旨。蔡元培任会长，陶成章则任副会长。后来，中国同盟会建立了，陶成章自然也加入其中，并担任了一段时间的留日会员浙江分会会长之职，兼《民报》编辑。

安徽的房屋以木梁承重，以砖、石、土砌护墙，设计独特，既实用，又具有很高的美学价值

在过去没有便捷的通信设备的情况下，当众演讲是很好的宣传方式，大家口口相传，新的思想能够迅速在群众中传开，星星之火，可以燎原

不久之后,陶成章就回国了,并开始组建光复军,为徐锡麟和秋瑾即将发起的皖浙起义做准备。

徐锡麟和秋瑾都是因起义失败而死于清军之手的,但陶成章却是被自己的革命伙伴害死的。1912年1月14日凌晨,陶成章在上海广慈医院被蒋介石和王竹卿暗杀死亡。

而指使蒋介石和王竹卿暗杀陶成章的幕后黑手,就是中国同盟会元老陈其美。最终,因为种种复杂的社会背景和派系斗争,陶成章案的调查只能不了了之。

> **知识链接**
>
> **蒋介石**
>
> 蒋介石名中正,字介石。国民党当政时期的党、政、军主要领导人。

很多优秀的知识分子为了唤醒民众,都采用公开演说的方式向人们介绍新思想

无法阻挡的潮流

从国门被炮火打开的那一天起,中国人民便无时无刻不生活在屈辱与不甘之中。西方列强肆无忌惮的欺压与掠夺,清政府无所作为的退缩与妥协,一条条丧权辱国的条约,一次次战火威逼下的屈膝——曾经屹立于世界东方的泱泱大国,曾经被世人仰望的天朝上国,如何会落到这种地步?中国的未来又该何去何从?

很多人都在寻找问题的答案,从洋务运动到百日维新,从君主立宪到革命共和,人们一直在探索,在尝试,在为中国的未来寻找出路。

在经历鸦片战争的惨败之后,一些官员说,我们要学习西方,因为他们的科技比我们强大,他们的武器比我们先进。于是,轰轰烈烈的洋务运动开始了。

在经历甲午中日战争的打击之后，一些读书人跳出来说，我们得学习西方的规章制度，他们的统治方法比我们先进，我们要废除八股文，我们要裁撤浪费国家粮食的官员，我们要颁布新的政策。于是，充满书生意气的维新运动开始了。

历时103天，发布了一系列形同废纸的诏令，结果慈禧太后抬抬手，"百日维新"就终结了，只给法场多添了几道"戊戌六君子"的血。

一次次的尝试，一次次的失败，都在告诉我们，只有革命才是真正的出路，只有结束皇权才能找到真正的未来，只有打破封建思想的桎梏才能创造一个全新的社会，一个真正富强的国家！

在不断地摸索和失败中，终于越来越多的人醒悟了，他们怀揣着宏伟的理想，接受着来自西方的先进思潮，相继举起了革命的大旗。当一个个革命团体出现在中华大地上时，早已气数将尽的清朝统治者们终于慌了。

高高在上的慈禧太后拽着保皇党们说：只要保留皇权，我愿意搞君主立宪，愿意改革，愿意让你们修修补补，只千万别让大清这艘船沉了！

于是，真有一批天真的人，诸如曾经高喊"维新"口号的康有为和梁启超，他们兴致勃勃，充满希望地继续"保皇"，以为这样便能继续为清朝"续命"，让中国变得和西方国家一样强大。

多么可笑啊，快来看看慈禧太后的所谓"君主立宪"究竟是个什么样子——

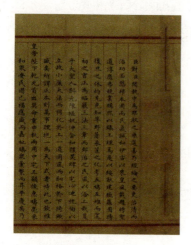

▲ 八股文试卷

明清科举考试的文体，也被称为制义、制艺、时文、八比文。八股文章从四书五经中取题，内容必须依托古人的语气，不能自由发挥，并且句子的长短、字的多少、字的韵律等也有约束，字数不能超过限制。

知识链接

共和制

共和制也称共和民主制、民主国或民国，是人类社会的一种政体，皇帝或君主不再是国家的最高领导。

施行共和制的国家常被称作"共和国"，我国是"中华人民共和国"，实行的是共和制。

内阁官制？没问题！庆亲王奕劻可以当总理。

13名国务大臣？非常好！4个汉人，9个满人，这其中有5个是来自皇族的。

天真的保皇党们终于懵了，赶紧联合上书，说："皇族的人组建内阁不合适啊，君主立宪不能这么搞，赶紧重新选人组织内阁！"

朝廷回复："这提拔贬黜官员，那都是皇上的权力，你们这些人，谁都不准干涉！"

瞧，这就是皇权，多么顽固，多么强悍！所谓"不破不立"，只有打破它，才能获得解放，找到出路。

看清统治者们的真面目之后，越来越多人投向了革命阵营。眼看革命势力发展壮大，清政府觉得，必须得镇压。可镇压就意味着要打仗，打仗就意味着要花钱，钱哪里来？清政府想到了一直欺压他们的西方列强。

清政府要借钱，列强们都很高兴，这意味着又能从中国占到不少便宜了。于是满口答应，借钱可以，得有抵押品。拿什么抵押好呢？清政府思来想去，居然瞄准了川汉铁路干线。这川汉铁路是在政府推行"新政"，允许兴建商办铁路之后，四川人民主动要求修建的自办铁路。

可清政府不管这些，随随便便找了个"股票管理账目混乱"的借口，就把川汉铁路强行收归国有了，还准备直接和英、法、美、德四国签订借款合同，抵押物就是川汉铁路的路权。

这事一出，顿时激起了公愤，这种夺路卖路的行径与卖国何异！于是，轰轰烈烈的保路运动开始

> **知识链接**
>
> **清末新政**
>
> 《辛丑条约》对中国打击非常大，就连清朝的保守派也主动要求进行变法。
>
> 光绪二十七年（1901年），慈禧太后默许进行改革，改革内容多与戊戌变法近似，但比戊戌变法更彻底，还废除了科举制度。
>
> 由于改革政策的支离拖沓和朝廷官员的敷衍，清末新政进展不大，但在一定程度上促进了中国的现代化，为辛亥革命提供了准备条件。
>
> **清朝的铁路**
>
> 1876年，在中华大地上出现了第一条铁路。五年后，在洋务派的主持下，唐山至胥各庄铁路开始动工，从此揭开了中国自主修建铁路的序幕。至清朝灭亡时，我国铁路里程已达到9000多千米。

了，四川各州县纷纷成立保路同志会或分会，通过罢课、抗粮、抗捐等手段来进行抗议，形成了以成都为中枢的反帝爱国联合阵线。保路运动的风潮席卷全省，声势也越来越浩大，很快，在不可控制的冲突之下，四川保路运动转入了武装起义阶段。

这回清政府被吓到了，怎么也没想到事情会发展到这个地步，赶紧在附近紧急调兵去镇压起义。当时，湖北的新军也被调入了四川，一时间武昌守备空虚，为革命党人发动起义提供了绝佳的时机。

清朝废除科举制度后，引用西方教学理念，并用新式武器装备新军，这些新思想和新武器，为武昌起义的爆发提供了有利的条件

辛亥革命纪念日是每年公历10月10日，是纪念推翻封建帝制的辛亥革命的节日。这次革命结束了清政府的腐朽统治和中国长达两千年之久的君主专制制度，是一场伟大的革命运动

帝制的终结 | 无法阻挡的潮流

1911年10月10日夜，湖北武昌新军工程第八营的革命党人坚定地举起手，打响了辛亥革命的第一枪，武昌起义爆发了。

一夜激战，革命党人占领了武昌，之后汉阳、汉口也相继被攻克，武汉三镇完全控制在了革命党手中。

武昌起义的胜利点燃了全国各地群众的革命热情，湖南、陕西、江西、山西、云南、上海、贵州、浙江、江苏、广西、安徽、福建……革命的火种相继传播，各省纷纷宣布独立，摇摇欲坠的清政府已经再没有任何力量阻挡革命的浪潮了！

统治中国两千余年的君主专制注定要走向终结，专制不再是正统，民主将成为世界发展潮流的新趋势，而中国，也必将开启一个崭新的历史阶段。

知识链接

武昌起义

黄花岗起义失败的消息传来后，革命党人决定将目标转到长江流域，确定在以武汉为中心的两湖地区发动新一轮武装起义，即武昌起义。

1911年10月10日，武昌起义成功。起义的胜利，加速了清朝的灭亡，建立了亚洲第一个民主共和国——中华民国，是中国乃至亚洲走向民主共和的开端，具有里程碑意义。

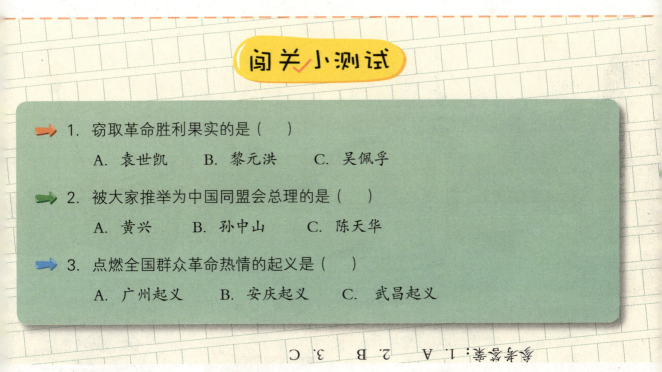

闯关小测试

1. 窃取革命胜利果实的是（ ）
   A. 袁世凯　　B. 黎元洪　　C. 吴佩孚

2. 被大家推举为中国同盟会总理的是（ ）
   A. 黄兴　　B. 孙中山　　C. 陈天华

3. 点燃全国群众革命热情的起义是（ ）
   A. 广州起义　　B. 安庆起义　　C. 武昌起义

参考答案：1.A 2.B 3.C

历代帝王世系表

清

清
/ 1616—1911

太祖 （1616—1626）
太宗 （1627—1643）
世祖 （1644—1661）
圣祖 （1662—1722）
世宗 （1723—1735）
高宗 （1736—1795）
仁宗 （1796—1820）

宣宗 （1821—1850）
文宗 （1851—1861）
穆宗 （1862—1874）
德宗 （1875—1908）
溥仪 （1909—1911）